守望

学校艺术教育

陆振权 著

东北师范大学出版社

长春

图书在版编目（CIP）数据

守望学校艺术教育 / 陆振权著. — 长春：东北师
范大学出版社，2020.10
　　ISBN 978-7-5681-7329-2

Ⅰ.①守… Ⅱ.①陆… Ⅲ.①艺术教育－教学研究－
高中 Ⅳ.①G633.950.2

中国版本图书馆CIP数据核字（2020）第206382号

□责任编辑：邓江英　　　　　　□封面设计：言之凿
□责任校对：刘彦妮　张小娅　　□责任印制：许　冰

东北师范大学出版社出版发行
长春净月经济开发区金宝街 118 号（邮政编码：130117）
电话：0431-84568115
网址：http://www.nenup.com
北京言之凿文化发展有限公司设计部制版
北京政采印刷服务有限公司印装
北京市中关村科技园区通州园金桥科技产业基地环科中路 17 号（邮编：101102）
2022年6月第1版　2022年6月第1次印刷
幅面尺寸：170mm×240mm　印张：13.25　字数：209千

定价：45.00元

播撒、照亮与采撷的艺术之旅

（代序）

印象里，我只给教师的教学论文集和学生的作文选写过序言，觉得一卷新书捧在手，读是享受，若应邀作序，读时会有负担。但当陆校长把《守望学校艺术教育》的电子稿发送过来让我先睹为快时，"写序言"的友人之请就有点推脱不了了，因为这样的书不多见。读后有感，付诸成文，也不是难事，况且可以借此发表一下自己的看法，也为这本书做一推广，所以答应写一写。

现在的人，热爱艺术者多，愿意送子女学艺术的家长也多了起来。在高中实施艺术教育，是国家教育部门的规定和要求。因此，校长们怎么看待艺术教育，教师如何进行艺术教育，学生怎么学艺术，就是一系列非常重要的问题，必须重视起来。校长纲举目张抓根本，懂教育，懂艺术，使艺术教育能落到实处，课程不虚设，教材不虚空，教法不搞"花架子"，教师与学生能成为一个和谐互动的"共同体"，可谓"教学相长"，那就有可能达成目标，可谓"善作善成"。在这方面，我认为陆校长是做得很到位的，堪称模范。这本《守望学校艺术教育》就是证明。

我与陆校长是朋友，我陪他到视觉艺术学院去考察，邀请他到我们基础教育学院来访谈，彼此都受益。我到他的"田园"去参观、去访谈，也是收获颇多。基础教育学院跟田园高级中学共建"国学教育基地"，田园高级中学后来引进视觉艺术学院德稻教育集团的艺术大师，开设文创实验班，直至今日取得佳绩，我是目睹其成、为之高兴的。在陆校长的这本书里，有许多章节写到这方面的经历和经验，很接地气、很充实、很精彩。以我对陆校长的了解，他对艺术教育重要性的认识，既是通过认真读书和探索实践相结合得来的，又是当校长与教师密切结合得来的。通过外出考察和创意写作这第三层次的结合，这本书以现在这样的新面貌出现，就是很让人佩服、很让人信赖的真知灼见的宝贵结晶。所以我接到这本书的电子稿，读得很是痛快！一边阅读，一边回想，还做些梳理。我看到一所不断砥砺奋进的高中名校持续地走着向上之路，也看到有抱负、有才气的陆校长把蔡元培、陶行知的思想精髓和人格风采传承过来，在新时代加以发扬光大，脉络清晰地烙印在自己的发展历程中，确实为之欣喜。田园高级中学校园有蔡元培、陶行知两位大师先贤的塑像，田园高级中学师生心里有两位教育家的思想情怀滋润，发生教育奇迹是必然的。

读这本《守望学校艺术教育》新著，我们能发现奥秘，获取经验，感受到读书的快乐与探索的魅力。陆校长领导田园高级中学踏上美育之路，再攀登"文创"高峰，他是有前瞻意识和进取精神的、领风气之先的、够格的名校校长！陆校长在艺术教育一线耕耘，把美的种子播撒在学生心田，引艺术之光照亮学生成长之旅，是采撷了无数教学智慧和艺术精华的、够格的名校园丁！因此，他才能写得出这样一本书，一本让人读得进去且读了能获得启迪的好书！他对高中艺术课程标准钻研领悟得这么深刻，表述自己的心得是这样新颖，我读起来不光得到教益，而且喜欢跟他一样去读书、去思索、去写作、去实践了！这里的许多话题都是我所感兴趣的，彼此探讨起来是有共同语言的。书中把我的建议，譬如教学生欣赏名画可以让学生"see"和"say"也写了进去，我看了是很激动的，钦佩陆校长是个肯学习的有心人！虽然我退休了，不再在讲台上授课，但我会继续关注我心爱的艺术人文教育，关注我的同行们，包括我的好朋友陆振权校长，关注他们继续守望学校艺术教育，并乐于分享他们的成果！

是为序。

上海视觉艺术学院原副院长　谢海泉

2020年1月20日

深耕艺术教育　热爱美好生活

——高中艺术教育知与行

（自 序）

　　这本谈艺术教育的书是对我自己多年接受艺术教育经验及各种学习心得加以整理形成的一份概要总结。简括点说，这本书是我的"谈艺录"。艺术领域如海天般宽广，有建树的艺术家如满天繁星熠熠闪光，这些都吸引着我的目光，邀我跃身艺海，遨游云天。

　　20世纪90年代大学毕业后，师范艺术系的大多数同学不准备在学校从事艺术教育工作了，有的出国深造定居，有的到政府机关做宣传工作，有的去了企事业单位，有的开了广告设计公司，有的看到了美术高考的产业前景，创立了艺术培训学校，有的甚至到了公安系统做警察……而我，从毕业至今，29年过去了，其间换了三个学校，依然守在学校艺术教育的三尺讲台，担任艺术教师，每年教授高中生艺术欣赏和绘画基础训练课程。2004年开始，我担任校长，继续任教艺术欣赏课，在学校这方田地里坚持艺术教育。自我担任校长以来，学校艺术教育课一直开设到学生参加高考前夕，每天中午的每周一歌也坚持唱到高考前夕，我坚持对学生进行艺术教育，坚守学校的艺术教育阵地。

　　中华人民共和国自成立开始就非常重视艺术教育。1950年8月，教育部颁发了《中学暂行教学计划（草案）》，规定中学要开设音乐、美术课程。但总的来说，当时我国的美育体系还不完善，尚未得到充分的发展。党的十一届三中全会后，国家教育事业步入正轨，审美教育也开始复苏。国家在《关于第七个五年计划的报告》中明确提出："各级各类学校都要认真贯彻执行德育、智育、体育、美育全面发展的方针。"重申美育是党的教育方针的一个重要组成部分，对推进美育的发展具有重大意义。国家教委于1986年还设置了艺术教育司（现体育卫生与艺术教育司），成立了艺术教育委员会。1988年制定颁布了《全国学校艺术教育总体规划（1988—2000）》，这是我国自1949年以来的第一份艺术教育纲领性文件。它对艺术教育的发展目标、主要任务、管理、教学、师资、教学设备器材、科学研究等做了具体而明确的规定。不可否认，我们也有一段时间不太重视艺术教育，许多学校，特别是到了高中，艺术教育课程基本都被文化课占用，有的学校甚至没有开设艺术课程。随着我国经济的高速发展，人民生活水平从温饱型转向小康型。人们不再满足基本的物质需要，更希望得到精神上的愉悦享受。这一过程就迫切需要审美教育。从2014年开始，艺术教育逐渐受到了重视，首先是教育部颁发文件《教育部关于推进学校艺术教育发展的若干意见》（教体艺〔2014〕1号）（以下简称《意见》）。《意见》中明确提出艺术素质测评要纳入学生综合素质评价体系以及教育现代化和教育质量评估体系，并将测评结果记入学生成长档案，作为学生中考和高考录取的参考依据。2015年9月，国务院办公厅颁发71号文件《国务院办公厅关于全面加强和改进学校美育工作的意见》。这是自1949年以来的第一份由国务院办公厅颁发的有关加强美育的文件，标志着国家层面对学生审美教育的重视，特别是对艺术教育的重视。2019年4月，教育部又下发《关于切实加强新时代高等学校美育工作的意见》，要求普通高校强化面向全体学生普及艺术教育。这对于一名坚守在基础教育一线的基层美术教师和校长来说，是"守望"到了艺术教育的春天，故我把书名取为《守望学校艺术教育》，这是我和所有坚守在基础教育岗位上的艺术教师的心声，它代表着我们对学校艺术教育的执着坚守和美好希望。

我知道，即便是写一本不太厚的谈艺术教育的书，也是需要有深厚学养的，要有从事艺术教育多年的积累，要有意识地"积学储宝"以及根据写作需要进行理论建构和表述。我坦率地承认，自己不喜欢打造纯理论的书籍，把它作为教育园地里的"样板花卉"。我也不能等到所有的建构设计和材料全都齐备了再动笔，而是认为可以边学、边教、边写、边谋划、边调整，像陶艺家手中的泥团，揉捏、旋转，最后"动态生成"。书中的内容，有的是我的教学思考和实验，有的是我对于艺术教育的一种"教育叙事"，还有的是我的大量读书笔记的摘选。我感到自己比较喜欢也比较能胜任感性和理论的适当切换，在联想、追问和反思中交替进行。我凭着对教育和艺术的热爱，对艺术和教育单线突进和兼容并包，一点点地加深认知，一步步地迂回推进，像是一种从已知向未知游弋的另类寻绎。总之，以一种游走的状态坚持着！

　　高中学段，学制三年，唯一、二年级能踏踏实实完成各科学业，第三年是奔高考而去的，祈望一圆"大学梦"。那个大学，或理或工或文，医或农林牧渔。那么，在这样的进阶和选择中，帮助学生养成适应"创时代"的艺术人文素养是极为重要的事。素养，是使人之为人的内在本质，比外在的荣誉美饰更恒定，学校、教师应全力以成之，为之谋永福。

　　我的角色，"一身二任"，有分有合。

　　一个我，是教师，我理应有担当、有作为、有责任践行校长的素志，在"田园"播撒艺术教育梦想的种子，最终，我和学生都会受益。

　　一个我，是校长，我坚信"每位学生天生有才，每位学生各有精彩"。我提出"为每一位师生创设发展的空间"，把自己的教育理想、教育激情挥洒在为了学生和教师的发展这个目标上。

　　无论是教师还是校长，都是"田园"人，都热爱艺术，都认为艺术是人不可或缺的素养。我们都爱"田园"这块教育的沃土和乐园。自从把艺术教育纳入学校的发展蓝图、列为重要的战略任务，我们都恪尽职守，愿在"田园"深耕艺术教育。

　　一人"分身"Ａ、Ｂ两角，在选定各自志业后的具体操作，以及学习、钻研文本的兴趣方面会有一些不同，但大目标是相同的。

　　譬如，我们都爱看苏联大教育家苏霍姆林斯基的《给教师的一百条建议》。作为校长的我看到书里的一段话："我们学校在教学实验园地给一年级学生每人都分配几小块地，就是为了把这三件事（看见、观察、动手）和谐地融为一体而设想的。智慧的、受到思考和好奇心鼓舞的劳动是能浮载思考大船的深水。"这正好同我"环境育人"的理念相契合。于是，我有意识地在校园规划里把开辟桃李园、玉兰园、雪松园、枣园、葵花园等十八个主题文化园地落实了下来。此举意义显豁，登报后广为传播。我在专著《办学空间学》里也十分得意地对此大笔书写，还附了学生的深情感言。

　　作为教师，我也爱看苏霍姆林斯基这本名著，这本书对提升自身素质，对教书育人工作很有教益。让我颇感兴趣的是他谈读书的话"用教师读书启发学生读书"，以及他所说的"对周围世界的艺术感知和艺术思维"。读到他的谆谆告诫"你将在自己整个的教育生涯中当一名教育者，而教育，如果没有美，没有艺术，那是不可思议的"时，真是觉得说到心坎里，使我得到很大启发和激励。见其所言"智育是从有理论思维的地方开始的"，我提高了学习与钻研艺术理论的积极性和主动性。对此，我在这本书里会有比较详尽的展开和验证。

作为一名艺术教育工作者，我深知，学生从各种途径接受各种各样的教育，起到潜移默化作用的，总有艺术教育的因子在其中，或正面，或负面；或高雅，或低俗。教师要有爱教育、爱艺术的情怀，要有春风化雨的热情和智慧，还要有激浊扬清的分辨力和引导力。学校层面的艺术教育，应该是经过"优选"和"设计"的优质教育形态，与各门课程的关系是有机契合的，不是无序凑合的；是形式多样的自然教化，不是耳提面命式的生硬灌输。艺术，集真善美于一体，是声光色之符号群。艺术能给予人多方面的"获得感"。高中生在接受各科教育时，若能同时受到良好的艺术教育熏陶，接受美的浇灌和滋润，对于身心成长将最有助益。学生能从艺术作品中获得美感经验，经美学和艺术理论的学习得到提升，更具有审美感性和理性的融合之美。为学生设定的未来目标应该是：在成为国家和时代所需要的"社会人""职业人"时，还能成为张开审美的眼睛和耳朵，开启审美心灵的，有素养、有担当的"审美情趣高雅的人"。

艺术是艺术家把人的审美感受淬炼成的物化形态，艺术家把本人的创造追求和情思理趣都投放到艺术熔炉里，最后铸成令人满意（也会有不满意）的作品。里面有天才天赋的能量凝聚，有神秘灵感的帮助，有得心应手的配合，有了不得的工匠精神和顽强毅力，也有迷茫、困惑和偏见。教师在施行艺术教育的过程中，遇到种种艺术现象，要有非常专业的感悟力和辨析力，既不能任意拔高，也不能随意贬低。按教材讲，也许把照本宣科当作"传道受业解惑"了；放点PPT和视频录音，就以为是形象化教学了。许多教师不会融会贯通，不会由表及里、由此及彼，不会引述、赏鉴和评点，不会灵活处理学生提交的新鲜素材与既定教材的关系。这里实际说到的是新时代、新情境对教师素养的挑战和考验问题。我们要解决自身教育问题，仍须继续学习和继续思考。

这样看、这样讲，是从师生两方面来强调艺术教育对人的德行、性情、气质的塑造力。教育工作者要确立这方面的认知，形成自己独特的艺术教育素养。艺术教育是通识教育的一部分，没有艺术教育的通识教育是不完整的。探索一种能够同其他基础学科整合起来的艺术教育新模式，是我在田园高级中学（北京外国语大学附属上海闵行田园高级中学）应该履行的教育使命。

我愿为之努力。

陆振权

2019年11月6日于北外田园

C目录
ONTENTS

第八辑 艺术教育读思笔记 \ 169

第一辑
艺术及艺术教育考识

1

　　有关艺术的认识、见解和思考不但要放在历史的长河中，放在与各知识门类范畴的关系中，以及放在艺术本体的内部关系中观察、分析和对待，而且还要在具体的艺术教育实践中考量、体验和总结。

　　在谈论"什么是艺术"之前，可回顾自己同艺术的邂逅，回顾自己是怎么培植热爱艺术的初心并将其融会于艺术教育的。

回想最初与艺术相遇时

还记得自己是什么时候接触并喜欢上艺术的吗？对这个有着回顾和自省色彩的问题，不要急着回答，它值得好好想一想。

先要找到这个比较确切的"时候"。它是你最初接受艺术教育的起点，虽说有些遥远，但随后你会欣喜于由朦胧变得清晰的时刻。它藏在你的记忆深处，把它搜寻、牵引出来，需要宁静的心绪。那个"时候"，它伴随着皎洁的月光、眨眼的星星，还有奶奶或妈妈讲故事的表情。也许它是你在白纸或墙布上画出红花绿草和悠悠白云的时候，也许它是你吹响一支竹笛或敲响几面架子鼓发出嘹亮声音的时候，也许它是你在银幕上看到神笔马良或哈利·波特的时候。你不知道怎么解释理论术语——艺术，但你知道，那些难以忘怀的精彩故事，那些能引发好心情的跳动在弦上、纸上或银幕上的有声有色的东西就是艺术。它们配得上这高雅的名称，再叫别的名字，大概，大概只有叫它"Muses"了。好了，你回忆起这些、说起这些时，已经有喜欢的心情在里面了。

自问——我年轻时，是怎样接触艺术的？

我父亲是个木匠。记得我小时候，常见他将观摩到的大自然美景用铅笔描绘下来，还临摹画册上的喜鹊、凤凰等吉祥图案，把它们翻印到木板上，然后用木匠特有的刻刀在木板上刻。那些图案栩栩如生、美轮美奂，让人赞叹不已。我总是整天围在父亲身边，看父亲专心致志、一刀一刀雕刻修饰，化平淡的木板为神奇的花鸟图画。后来我上学了，接触到《芥子园画谱》，这真可谓当时中国美术史上最系统的画谱，其中详细地介绍了中国画的基本技法，浅显明了。从中可以学习用笔、构图等基本技法，可以体会古人作画技法的优秀传统。作为初学者，我使用这本书，也算是开始接触艺术了。后来读师范，接触西方绘画，了解了透视学、解剖学、色彩学，开始习素描、练色彩、临摹名画、写生自然……一直到大学，我完整系统地学习了西方美术史和中国艺术史，还涉猎了中外艺术教育发展史。

也有缺憾。

以美术为例。陈丹青曾经描述并批评"典型的未被美术馆教育过，又过度被印刷品误导的视觉经验"，认为"那是一种切断脉络的认知方式"。我听了心里一"咯噔"。真的，我们都从那个时代过来，获取画册的途径很偶然，翻阅时很粗略。画册印刷质量差，细节呈现与观赏性乏善可陈。有的大幅名画被排印在左右两页，中间有折缝，不能掰开看全，抱憾不能尽览其美。那时也没有多少画评资料作为背景提示，全凭自己直觉感知，对风格、趣味、流派只积累一些若明若暗的印象，对画家画作说不清传承或叛逆的序和理。真有机会进了大的美术馆，如世界级的艺术宫——卢浮宫，人头攒动，摩肩接踵，皆奔名画而去，即便是挤到《蒙娜丽莎》跟前，也看不真切，想拍个照，要被保安训斥。哪能像当年徐悲鸿他们，驻足名画前，静静地观看，细细地揣摩，还能坐下来现场临摹。陈丹青所言："西方大美术馆苦心经营展示空间，务使历史演变依循观看顺序，依次输入视觉。即便如此，严肃的艺术家还是尽可能到雅典看希腊，到佛罗伦萨看文艺复兴，到巴黎看印象派，到敦煌看佛教艺术，到纽约看当代艺术……有这种'亲历'的真经验，画册才能成为有效的辅助性、参考性工具。"这么说来，艺术教育里面的美术教育，在环境和资源的供给与享受方面比文学教育要奢侈和苛刻——读一本中外世界名著，只要周围安静、心境安宁，就可以进入"悦读"状态，不需要什么设备工具，只要心静、思远，便可神游八极。

欣赏戏剧艺术呢，最好是坐到剧院里静静地看，在幕启前等待，在幕落后回味，总之，能被舞台上的精彩演绎吸引，如痴如醉。

《歌德谈话录》的编辑爱克曼，采访并伴随大文豪歌德9年，得以完整记录其各阶段的珍贵谈话。有一次，歌德为自己最珍爱的魏玛剧院遭遇火灾而痛惜不已。爱克曼去看望歌德，说到自己听了歌德的教导，把全部精神都放在接受戏剧的印象上。为了表达自己对剧院和戏剧的钟爱，他还向老人说起自己白天路过剧院见门开着，会走进去在正厅后座的空位子上坐半个钟头，"想象某些可能上演的场面"。歌德听了笑着说他是个疯子，不过还是很喜欢他这样，并愿所有的观众都这样。歌德说，一个年轻人，"只要没有被娇惯坏，很难找到一个比剧院更适合他的地方了……你像个国王，安闲自在地坐在那里，让一切在你眼前掠过，让心灵和感官都获得享受，心满意足。那里有的是诗，是绘画，是歌唱和音乐，是表演艺术，而且还不止这些哩！这些艺术和青年美貌的魔力都集中在一个夜晚，高度协调合作来发挥效力，这就是一餐无与伦比的盛宴呀！即使当中有好的也有坏的，但是总比站在窗口呆望，或是坐在一间烟雾弥漫的房子里和几个亲友打牌要强得多。"这样的谈话，多么高雅，多么推心置腹，多么启迪人心啊！

下面再引一段，因为这牵涉戏剧艺术正确和有益的价值在哪里，怎么才能确保提供和获得。

歌德说他当时得到大公爵的完全信赖，可以自由处理剧院的事。"我不要求布景堂皇，也不要求服装鲜艳，我只要求剧本一定要好。从悲剧到闹剧，不管哪个类型都行，不过一部剧本总要有人喜闻乐见的东西。它必须宏伟妥帖、爽朗优美，至少是健康的、含有某种内核的。凡是病态的、萎靡的、哭哭啼啼的、卖弄感情的以及阴森恐怖的、伤风败俗的剧本，都一概排除。我担心这类东西毒害演员和观众。""我通过剧本来提高演员。因为研究和不断运用卓越的剧本必然会把一个人训练成才，只要他不是天生的废品。"这些话，爱克曼都原原本本地记录下来了。他让我们好似耳闻目睹一位伟大的作家，他的天才是同他的良知结合在一起的，从创作到再创作，他考虑的是艺术的全部质素和功能。作为出品方、剧院的管理人，他重视演艺人和观剧人的心理健康，不哗众取宠，不牟利害人，该遵守的艺德和公德他都谨记在心，把精益求精落实到细处，让纯正的艺术成为民众的优质食粮，这是一种完全忘我的真正艺术家的高风亮节。

所以，除了到美术博物馆、剧院、音乐厅欣赏艺术外，读艺术家的传记、读艺术家的谈话录也是汲取滋养的高级的艺术教育。

致敬艺术家和艺术教育家

艺术家是创造艺术品和艺术世界的人。谈艺术家，还要结合着谈艺术教育家。选择丰子恺作为评述对象，是最合适的。想不到他，是疏忽；提及他，倘若不能深论之，那也是损失。在中国现代文化史上，丰子恺先生是一位杰出的艺术家，他不仅"数艺兼擅"，涉猎漫画、现代版画、书籍装帧、美学、文学和翻译，而且是艺术教育家，是真正懂艺术的艺术教育家。说来真是个奇迹——丰子恺游学日本10个月，囊中只有亲友提供的2000元资费。他节俭又苦学，加上教课，不仅学得东洋和西洋的音乐与美术精华，还撰写和编译了近50种艺术教育书籍。除此之外，丰子恺还为许多著作设计了风格各异的封面。朱光潜称其"从顶至踵，浑身都是个艺术家"。他驰誉东洋，被日本学者吉川幸次郎盛赞为"现代中国最像艺术家的艺术家"。

另一个一定要提到的人是执掌民国教育又极其重视美育的大教育家蔡元培。1917年4月，蔡元培在北京神州学会做专题演讲时，把"以美育代宗教"作为"有研究价值之问题"正式提了出来。这既有他留学时受德、法等国学术思想的影响因素，也有其在1912年任中华民国南京临时政府教育总长时曾把"美育"列为教育方针五项之一，以期引起"特别注重"的因素。1915年编译《哲学大纲》时，他对"美育观念"有过研究，生发"以文学美术之涵养，代旧教之祈祷"的思想；任北京大学校长时，他提出"循思想自由原则，取兼容并包主义"，形成了彪炳青史、泽被后世的思想学术传统。蔡元培在教育界乃至思想文化界，名气比王国维要大些，最显明的是他突出了美育的作用，但也存在将美术、美育、美学三个概念混用的现象。他对美育在中国教育中的内涵和意义未能真正阐明，思想文化界对此反响不一。

因为事关对美育功能的理解，我的这几点看法不是否定蔡先生的历史功绩，更不是如某些论者指摘先生的"迷误"，而是实事求是地说出自己的学习体会，谈谈自己学习和思考的意见。

早在1906年，王国维就提出过"美育取代宗教缺位"，并不是直接剥夺宗教的地位，而是因宗教缺位，由美育取代其位。用王国维的另一句话来接着说，是认"美术者"为"上流社会之宗教"。其着意指向"上流社会"，而非中间层甚至底层。

其他各派学者如梁漱溟的"以道德代宗教"，冯友兰的"以哲学代宗教"，朱光潜的"人生的艺术化"，此外还有政治家陈独秀的"以科学代宗教"和孙中山的"以主义代宗教"，可谓名目繁多。15年后，还在阐释"为什么要以美育代宗教"，可见在垂直往下的执行层面，不能说是得力的。值得关注的是丰子恺面向大众的、启蒙式的审美教育，用音乐、美术的知识普及，把蔡元培"愿景"式的美育思想先在学校和社会传播。他是这样表达自己对艺术教育的认知的。他认为：艺术是美和情。艺术教育是美的教育，也是情的教育。学校的知识学科是"真"的方面，各种教训是"善"的方面，所谓"艺术科"，就是"美"的方面。故，艺术科占有教育的三大要目之一，即崇高人格的三条件之一。"这是人生的很重大而又很广泛的一种教育，不是局部的小知识、小技能的教授。"丰子恺的这一思想非常重要，他从艺术家和教育家的"双视角"看到了一个高维度的价值目标怎样落实下来，即通过艺术教育培养人格（非训练技能），与科学、道德等其他学科一起，完成对学生真、善、美的人生建构。

读丰子恺的传记，我发现另一层与蔡元培美育思想有关的"链接反思"点——什么是人生呢？在丰子恺看来，人的生活是"三层楼"式的，物质生活是第一层，艺术生活是第二层，灵魂生活是第三层。他这样来理解其师李叔同的人生结构，我们也可顺其意做如下理解，即人生的内在设计（这也算是一种大的"人设"吧）是可以一层一层升华的。艺术教育引人从物质生活层面上升到艺术生活层面，只要能追求，人也有机会上升到第三层——灵魂生活（他也名之为"宗教生活"）。注意，这里已经发生思想的"跃迁"了（联想到搞艺术的李叔同先生，最后并不是以美育代替宗教，而是走向宗教了。真是一个特例），丰子恺没有像蔡元培那样提出和实施"以美育代宗教"的思想和路径，而是引领人向精神、灵魂乃至宗教境界攀升。就此而言，我认为丰子恺先生的艺术教育思想是以艺术和人生为本位的，如他所说"艺术家必须以艺术为生活""必须把艺术活用于生活中"，这点与朱光潜"人生的艺术化"是同调的。他还说"艺术家必为仁者"，这就与儒家"仁道"思想情怀接通了，是艺术家的人格和理想的提升。

艺术的缘起与发展

何谓艺术？艺术的缘起和发展如何？

经过考虑，在回答"何谓艺术"时，我想用理性思辨的方法予以探讨。原因是，面对海量的文本信息，只有调动理性思辨精神，才能把认识推进一步，而不是在缕述后依然"陷于杂多之中"。

丹托曾以"何谓艺术？"这个问句为书名，写过一本探讨艺术问题的论著。在他以前和以后，观点多得无以计数。回忆加检索，我搜罗到近30种说法，包括丹托自己下的定义"艺术即理论"。联想到丹托早期对艺术有过定义，所以，"艺术即理论"的观点，还不如他说过的另一句——"艺术是承载和呈现含义的"意思更明朗。

自柏拉图开始给艺术下定义，说"艺术即模仿"后，亚里士多德没有附和，而是说了句"艺术即认识"。大卫·休谟则表示"艺术即品味的对象"。康德除了说"艺术只有在貌似自然的时候才显得美""艺术，即可传递的快感"，还说"艺术是神圣的，它比科学更高深、更深刻"。叔本华说"艺术即展现"，黑格尔说"艺术即理想"。接下来，还有两位的说法很特别。尼采说"艺术即救赎"，弗洛伊德说"艺术即征候"。这些定义是不是各显个性？其他的如克莱夫·贝尔的"艺术即有意味的形式"，罗宾·乔治·科林伍德的"艺术即表现"，约翰·杜威的"艺术即经验"，马丁·海德格尔的"艺术即真理"，瓦尔特·本雅明的"艺术即灵魂"，西奥多·阿多诺的"艺术即自由"，纳尔逊·古德曼的"艺术即范例"，乔治·狄基的"艺术即习俗"，门罗·C.比尔兹利的"艺术即美感制作"，沃顿的"艺术即假扮"，罗兰·巴特的"艺术即文本"，亚德里安·派柏的"艺术即恋物"，皮埃尔·布迪厄的"艺术即文化生产"，德莱·杰格德的"艺术即文脉"，道格拉斯·戴维斯的"艺术即虚拟"，德加的"艺术不是你所看到的，而是你让别人看到的"，让·西贝柳斯的"艺术是文明的标志"，莫里斯·魏兹的"艺术即无定义"，E.H.贡布里希的"没有艺术，只有艺术家"，等等，这些说法堪称绝妙！

俄国大文豪列夫·托尔斯泰也关心和参与过此问题的讨论。他先是感叹"说起来也真奇怪，虽然论艺术的书堆积如山，而艺术的正确定义却直到现在还没有规定出来"，又表示"这原因在于，艺术的概念是以'美'的概念为基础的。艺术科学自然不会满足以'美'为根据——以使人感到惬意的东西为根据"。他认为要给艺术下定义，就要探索一个普遍的、适用于一切艺术作品的定义，以便根据这个定义来决定各种事物是否属于艺术范围。因此他对艺术下的定义是"艺术即情感交流"。

上述定义，哪个能概括、表征所有艺术品？没有吧。

因为艺术家是最不安分的，艺术品的创新是最奇异、最另类、最"匪夷所思"的。想用一个定义概括一切艺术品，"网罗"整个艺术范畴，难！

对这言人人殊、难以尽诉的问题，在某会议场合，我曾听到这样一个诙谐的说辞，"何不用另一位俄国作家车尔尼雪夫斯基的句式'怎么办？关于艺术的定义'"。

丹托说他是1984年感觉到艺术的终结的，他对艺术的定义一直是变化的。"白日梦"也是其中的一个定义，因为他觉得艺术和现实无法区分。丹托发表了有关沃霍尔的《布里洛盒子》的评论，说出了他对艺术的认识过程，含引出"艺术终结"的观点。

丹托直言，他或多或少接受了沃霍尔的那些"布里洛盒子"是艺术的说法，说"它掌握了艺术的秘密"。但是考虑那些盒子同超市里的那些真实的包装盒相似，所以他还要求能从哲学本体论的角度给一个"艺术定义"，告诉人们什么使这两种盒子有了差别。

原先，我是反感沃霍尔的《布里洛盒子》成为展览作品的。后来，我认真看了丹托对解谜游戏——"逃离方块：哈维的盒子"在商业艺术上之所以成功的细致分析（他认为到沃霍尔那儿，是"用审美的眼光看到日常世界的美"，还"喜欢平凡之物的诗性"，这是在"对抽象表现主义所鄙视的东西表达敬意"），我增进了对它的理解，不再反感它。这个例子，要比杜尚送进展厅的"小便池"和给蒙娜丽莎画上两撇胡子的所谓作品要有意义。

但是，我不能同意"终结"之说。丹托用他的感觉来判断："等到杜尚和沃霍尔离场后，艺术概念中的一切都改变了。广义地看，我们已经进入了艺术史的第二个阶段。"这些话，我认为是"能指"而非"所指"。事实上，艺术一直没有停止自己的生长和发展。它没有"被终结"的可能——即便杜尚和凯奇的"4分33秒"曾有过终结的企图和效果。一些人，以给艺术换定义的名义来"折腾"、改写艺术史的原始篇章和全部脉络，而受艺术的启蒙、恩惠并伴随艺术一起进步的人们，只会反感他们的行为而不会被打动。

因为需要开展理性思辨，我注意学习了西方理性主义思想史。莱布尼兹是德国理性主义哲学的领军人物。西方美学家、美学史家曾揭示鲍姆嘉通思想与莱布尼兹思想的联系。朱光潜在《西方美学史》中说莱布尼兹把审美限于感性的活动，和理性活动对立起来，可是他在前面论及莱布尼兹否定洛克的"先天"观念时，曾说过莱布尼兹认为人生来就有些先天的并且先经验的联系认识，它如同藏在心里的"火种"，感官接触会迸射出"火花"。我记得这个比喻，它可以帮助我们理解感性认识同理性认识的关系。受莱布尼兹思想的影响，鲍姆嘉通发现，莱布尼兹把"明晰的认识"分为明确的认识（理性认识）和"混乱的认识"（感性认识）。在与学科的对应方面，已经有逻辑学在研究理性认识，那么，可以补个学科"缺门"，建立研究感性认识的学科，名之"美学"（埃斯特惕卡）。从1735—1750年，鲍姆嘉通完成了这一建树，他认为："美学是以美的方式去思维的艺术，是美的艺术的理论。"在看待美学与艺术的关系时，他还用了个比喻，"对于各种艺术犹如北斗星"。他对美和丑是有区分的：感性认识的完善，是美，是美学的对象；感性认识的不完善，是丑。他的偏颇是把理性认识与感性认识分得过于彻底，仿佛艺术里没有理性的内容似的，这是我们需要注意的。

近代艺术的发展大大快于美学，美学的发展不仅缓慢，还暴露了无法用"美"这个范畴涵盖其他范畴的缺陷，譬如艺术，譬如丑和荒诞，譬如崇高，以及中国艺术哲学里的"和""神""妙""韵"，等等。学者们指出"美学"这种逻辑紊乱、地位僭越的现象，应该被拨正和修正了。对于美的概念的使用，鲍桑葵曾经指出："当我们碰到那些严厉的、可怕的、怪诞的和幽默的东西时，如果我们称它们为美的，我们就是一般地违反通常的用法。"黑格尔在他的《美学》里也认为"埃思特惕卡"这个名称实在是不完全恰当的，因为它比较精确的意义是研究感觉和情感的科学。我看到30多年前，《文艺研究》上就有学者提出用"直觉超越"的范畴来取代"埃斯特惕卡"，让"美"回到与崇高、丑、滑稽等平行的位置。不是这一新提法不得认同，而是人的思维定式很顽固地维护着现状，由误译产生的误解，如同刹不住闸的惯性力，一直误导至今未能纠偏。

让美育回归人生的原点

何谓"真""善""美"？"真"，是一种自然的心态，是一种立身的修养，是一种处世的作风；"善"，是一种崇高的品质，是一种高雅的交往，是一种高尚的行为；"美"，是一种真和善的显现，是一种由内而外的情感流露，是一种给人带来心情愉悦的分享。作为美育工作者，应当持之以恒、坚持不懈追求"真、善、美"视为人生的最高境界。

2015年9月，国务院办公厅印发71号文件《国务院办公厅关于全面加强和改进学校美育工作的意见》（以下简称《意见》），为美育教育提供了政策依据。《意见》印发的目的是"进一步强化美育育人功能，推进学校美育改革发展"。《意见》的总要求和指导思想为"全面贯彻党的教育方针，以立德树人为根本任务""引领学生树立正确的审美观念，陶冶高尚的道德情操，培育深厚的民族情感，激发想象力和创新意识，拥有开阔的眼光和宽广的胸怀""培养造就德、智、体、美全面发展的社会主义建设者和接班人"。《意见》确立的基本原则为"坚持育人为本，面向全体。遵循美育特点和学生成长规律，以美育人，以文化人""让每个学生都享有接受美育的机会"。

2015年10月，北京召开第二届全国美育大会，全国美育学者、专家云集，对《意见》进行解读。《意见》的印发使得学校实施美育有了明确的方向，美育在整个教育事业中处于薄弱环节的状况有望得到改善。社会各界都重视起来，各级政府积极努力抓落实。教育部马建辉研究员为"人生美育"提出"三立"观念，即主导人生的立心观念，节制人生的立德观念，创造人生的立行观念。前瞻性的美育理论可以强化人生美育在学校美育工作中的主体性，从美育对人生的滋养和引导的原点出发，倡导一切教育以人为本的人文理念，确立了"以美立德，立德树人"的科学美育观。

学校生活化美育，是学校教育回归教育本原的必然选择；学校生活化美育，是实施全面素质教育的重要组成部分；学校生活化美育，是促进学生个性发展的有效形式。学校生活化美育着眼于提高学生的审美素养和人文素养。人文素养体现在学生身上，在关注学生外在美的同时更关注学生内在美的培养。生活化美育实践的最终目标是促进学生的人格塑造，促进学生全面和谐发展。

习近平总书记的亲切教导时时萦绕在我的耳际，"艺术的最高境界就是让人动心，让人们的灵魂经受洗礼，让人们发现自然的美、生活的美、心灵的美"……

中西艺术教育"取景框"

2

　　现代西方艺术教学主张自由与创造性，而技巧位列其次。自古以来，中国艺术教育与西方艺术教育各有侧重。中国艺术教育注重技巧和理论，而且对于艺术有特定的束缚性。时至今日，中西方艺术教育仍存在巨大差异。但在我国，传统理念已有所更改，而艺术教育方式的改变仍有很长的路要走。

回看历史　面向未来

　　历史是记载过去的。历史会把自己的"本相"告诉我们。我们从历史的"褶皱"里找见了一些人和事，知道今天是怎么来的，来得多么不容易。艺术教育史是多彩的、美的。曾经美丽的历史从来不会消失，在渐行渐远时，总会吸引人"回看"。

　　我看东西方艺术教育史，回眸中不时带有发现的欣喜。虽然有几本从教育角度撰写的艺术史著作是把"艺术教育史"缩小到了"美术教育史"的范围，但史料的提供是丰富的、翔实的，让我心怀感激，并要向厥功至伟的先驱们致敬。我提醒自己不能像坐在旅游车上看窗前风景那样任其掠过，而是要反观、细读，去理解数百年间不计其数的画家、艺术家、教育家、文化史学家和哲学家对于艺术教育的真知灼见，体味其着力开拓的创新思想和孜孜以求的实践精神。这方方面面的"细节"才是"精彩看点"。要从这纷纭、庞杂的史迹中厘出清晰的线索，还真是不易。但若能发现远隔时空的他们之间还有那么些许相似、互补，发现他们有的灼见用今天的眼光看竟是那么超前，则很值得流连。因此，我在撰写本章时便自定"规矩"：以选择性述评的方式来采写历史的"陈旧和新鲜"；遴选和使用各国艺术教育史资料时，应突出重点，不能泛泛引述、重复罗列铺叙；"游心在艺"，需聚焦那些历史上的创新人物和思想，认真稽考各段史实前后的联系，勾勒出相互间的关联点，切实提炼出对今天有借鉴意义之一二三。仅古代艺术教育的发端，各国就颇有可比之处。发展到近代，不同国家、不同文化背景的艺术教育各显特色，有些艺术家、艺术教育家的思想观点和做法尤其值得挖掘和借鉴，应"瞄准"他们多看、多想、多说。对于独树一帜的内容可单独讲；对于前后有关联的内容可结合起来讲。若在时间节点上发现一些人和事有"交集",或互为"背景",可进一步挖掘。只要找对了比照对象,确立了比对关系,就能对应出"看点"。对于像我这样喜欢联想和比照式研读的人来说,很可能就此打开了一片有意思的空间。

中国古代"六艺"和西方古代"七艺"

中国古代"六艺",即礼、乐、射、御、书、数六门科目。西方古代"七艺",是指语法、修辞、逻辑、算术、几何、音乐、天文这七门"自由技艺"。我们不能望文生义地把"六艺""七艺"里的"艺"都当作艺术来看待。其中,中国古代的"乐",直接联系着"礼";西方早期的"音乐",则是数学研究的对象。

先讲中国。追溯我国夏、商、周三代尤其是周代的教育可知,那时的"学校"设置了六门科目(礼、乐、射、御、书、数),即"六艺"。"礼",是指思想伦理和行为规范的培养;"乐",是指音乐、舞蹈、诗歌(与今天的艺术教育课程相近)的教学;"射"和"御",是射箭、驾车技能(也含体能)的培养;"书",是指对基本文字的简单识记和书写(那时还没有发明纸,谈不上文房四宝和书法);"数",是指计算,即天文地理知识的教学。有的古籍把"礼、乐、射、御"称为"大艺",把"书、数"称为"小艺",这是因为前者是贵族从政所必需的,后者为日常民生之所需。"大艺"里的"乐",是周代艺术教育的主要载体。这个"乐"是同德政礼仪联系在一起的教育,是听觉艺术课,但讲求"德艺双馨"。我发现,当时的学堂里没有关于视觉艺术的美术课。绘画尚未被纳入学堂进行讲授,是不是画师重在观察自然,意存笔先,以"师造化"为主要教学方式,而且接近统治阶层的高端人士要掌管国家秘籍的缘故?

再看西方。从古希腊至古罗马帝国时期,人们始终有对知识系统进行分类的意识,古代"七艺",就是对主要的"知识分支"的分类概括。毕达哥拉斯学派创造了希腊"数学四科",即算术、几何、音乐和天文。毕达哥拉斯把音乐同数学放在一起,用数学研究乐律,这真是一种独特的建构方式。少年莫扎特就曾是这样读数学书和创作音乐的。所以，简言之，古希腊的语境里所说的"七艺"，就是"前三艺"加上"数学四科"。"七艺"里也没有美术。难道这是由哪位天才大匠所独创，而非彼时教育所能为的？

中国古代有"六艺"，西方古代有"七艺"，这是不同民族、不同文化自身孕育的产物。那时中西方没有交流，不存在谁学谁的问题，也不能证明古希腊比孔子时代多"一艺"他们就先进。他们实际是从"九艺"减了"两艺"（建筑与生物）成"七艺"的。在以《圣经》为代表的中世纪主流文化里，"七"是神秘的数字（如上帝用七天创造天地，奥古斯丁布道讲过"七个神圣的恩典"）。

古希腊时期的"艺"，是归在"自由技艺"里的，非今人所指"艺术"的概念。那时，音乐这一艺，不是指具体的乐器演奏。古希腊人是用毕达哥拉斯的数学术语来解释音乐和音、音程与节奏的。他们关心的不是音乐之声，而是侧重研究声音背后的物理与数理。那时有句民谚："听不见的音乐比听见的音乐更好"，很能说明两者的差异。我们后来看到，在公元1100年时的《喜乐花园》里有一幅《哲学与自由七艺》图，其中有一位音乐女神，手持竖琴，其边上写着一句话："我以多种多样的乐器教授我的艺术。"这说明音乐已进入听觉艺术范畴，与今日的音乐概念所差无几了。

当代学校开设的艺术教育课程里是不会缺少美术课程的。但从前面的分析可以发现，无论是我国古代的"六艺"，还是西方古代的"七艺"，都没有"美术"名目列入其中。希腊神话九女神中，并没有掌管建筑、雕刻和绘画的女神。对此，我既疑惑又好奇。这促使我进一步去学习，以加深了解。

按理说，古代西方在绘画和雕塑方面都是比较发达的。这些艺术门类虽没有神祇去分管它们，但并不等于其不存在。以雕刻为例，彼时希腊，有质量、有体积、有人物的石雕随处可见。古希腊人用青铜能塑造出人体像，用坚硬的石头能凿出健美的男女雕像，如米开朗基罗的《大卫》像，米洛斯岛上发掘出来的《断臂维纳斯》，它们是多么美啊！希腊神话里九位女神中的"缪斯"，分管文艺和科学，所以，提到"缪斯"，就等于在说艺术。在巴黎卢浮宫陈列着公元2世纪的一块罗马石棺，上面有九位"缪斯"的浮雕像，她们身姿曼妙、神态各异、栩栩如生。这九位女神，除了有四位分管历史、悲剧、舞蹈和天文学之外，余下五位各管诗歌里的一种，有管歌曲抒情诗的，有管喜剧田园诗的，有管爱情诗的，有管圣诗的，有管英雄史诗的，分工极其细致。可见那个时期的艺术门类，诗歌还是十分普遍的（黑格尔在《美学》里说"诗，即语言的艺术"，也是一种"普遍性的艺术"）。当然，诗歌和艺术都归阿波罗掌管，他是人类的保护神，掌管着九位女神。

古希腊人是很重视前"三艺"的，他们把演讲和辩论看得十分重要，如苏格拉底和柏拉图，他们在公开演讲方面均有出色的表现。雅典城邦公民会集聚街头听演讲，那里是对公共事务发表言论的民主空间，直接面对市民的演说家、大师，给市民树立了学习和表达的榜样。柏拉图在阿卡德米小树林里设坛收徒讲学，把数学作为入门的条件（不用于计算和测量的实用目的，主要用于演绎归纳和推理），最后让学徒通过哲学和理性通达他的"理想国"。当然，他的《对话集》也追求韵文的美轮美奂。此后的西塞罗和昆体良强调演说要有诗歌的韵律和音乐的节奏，以语言表达技能完善了激发自由本性的"七艺"教育，直至发展为颇具特色的"博雅教育"（Liberal Education）。

以上这番梳理，所做概述力求提纲挈领，虽未能细节化地还原全部历史语境，但通过中西互参对照，大致寻绎出艺术教育的基本要素和由古及今的发展线索。由此，我们对中国古代"六艺"和西方古代"七艺"的内涵增进了一些新的认识。这样，当我们把"镜头"从遥远的"六艺""七艺"拉回现当代时，也不致淡化历史背景了。

英德两国艺术教育家的卓识

对西方艺术教育史进行检索和阅读，英国的怀特海（1861—1947）给我的印象最深，他是著名哲学家罗素的老师，是一位大师级的学者，是数学家、逻辑学家、哲学家、科学史家、社会学家和教育理论家，还是"半个"科学家，被学界称为"七个面孔的思想家"。汉语界以前对他在教育（细到艺术教育）方面思想的译介相对较少，因此，听他如先知般所言如此契合当今，直觉如见天人。譬如，他在《教育的目的》里说："大学存在的理由是，它把年轻人和老年人联合在一起，对学术展开充满想象力的探索，从而在知识和生命热情之间架起桥梁。大学传授知识，但是它是以充满想象力的方式来传授。至少，这是它对社会应起的作用。充满想象力的探索将会点燃令人激动的气氛，这种气氛会带动知识的变化。事实不再是赤裸裸的事实，它被赋予各种可能性；也不再是记忆的负担，它像诗人一样活跃我们的梦想，像建筑一样构筑我们的目标。"他说教育"是一个一分钟一分钟、一小时一小时、一天一天地耐心地掌握细节的过程。不存在一条灿烂的概括铺成的空中过道通往学问的捷径……教育的问题就在于使学生通过树木而见到森林"。以我们的思想境界，不可能这么说，所以听来觉得新鲜。关于艺术和审美情趣的作用，怀特海这么说："在精神生活中，如果你忽视艺术这样的伟大因素的话，那么你肯定会蒙受若干损失。我们的审美情趣使我们对价值有生动的理解。如果你伤害了这种理解，你就会削弱整个精神领悟系统的力量""假如我们要发现一个真正的内在核心思想，必须从文学，特别是诗和戏剧里面去搜求""不管学生对你的课程有什么样的兴趣，这种兴趣必须在此时此刻被激发；不管你要加强学生的何种能力，这种能力必须在此时此刻得到练习；不管你想怎样影响学生未来的精神世界，必须现在就去展示它——这是教育的金科玉律，也是很难去遵循的一条规律""我们希冀在孩子生动活泼的大脑中唤起美好品性，但是如果我们自己对此品性都没有一个清晰的概念，就盲目地推行教育改革计划，结果是毫无用处的；如果你没有明确的教育目的，你的一切教育方案都是徒劳"。

以下是对怀特海关于艺术教育的目的、本质、价值和途径等方面观点的辑录，摘自西方美术教育史类书籍，有些是编著者概述的，不是怀特海的原话，所以不是很生动，先列于此，留待以后读到原著时，再查看对照，到真实的语境里还原其思想言说的美。

——艺术教育的目的是促进学生自我发展。学生是充满活力的，中小学艺术教育的根本目的就是刺激和指导他们自我发展。学生内部有一种自我发展的"创造冲动"，就是靠这种冲动，学生机体得以发展。首先，要在艺术教育中最大限度地激发学生的学习兴趣，使学生感到艺术学习的愉快。其次，要重视艺术教学过程中的智慧训练，克服单纯传授知识的错误倾向和形式上的训练，使学生获得"积极的智慧"。

——艺术教育的本质是培养审美观念和能力。艺术，不仅包括通常所说的音乐、美术、戏剧等方面的内容，同时也包括人们对自然和社会的一切美的体验和认识。中小学艺术教育需要使学生养成一种审美习惯。

——艺术教育的价值在于促进社会文明。艺术能使人消遣解闷，获得乐趣，使人们在劳动中把压抑的情绪抒发出来，保持健康的情绪；艺术还能扩大人的感官世界，给人一种远见，使人对各种事物的价值有清醒的认识和独特的判断，形成鲜明的个性，创造出富有美的一流产品。

谈到艺术教育的途径，怀特海迫切要求通过多种形式和渠道加强中小学艺术教育。

——每个教师都要发挥艺术教育的功能。每一门学科都可以对学生进行艺术教育。文学课可让学生从语言的和谐、词汇的感情色彩中获得艺术美的享受；数学课可以利用解题训练使学生学到思维的艺术；科技教育能培养学生的想象力、创造力，使学生掌握创造美的基本特征。学校应尽一切努力培养学生对音乐、美术、戏剧的热爱。每个学生都应该学会音乐、绘画、朗诵等，教师要热情扶植和鼓励学生展露各种艺术才能，不做扼杀学生个性的蠢事。

以上所述，是不是很像是针对我们现在的教育现实提出的要求？

再把视线转向德国，领略其艺术教育特色和领衔人物的创造性行动数不胜数。我发现了德国著名美学家、艺术教育的主倡人朗格在1893年出版了《德意志少年的艺术教育》，给近代美术教育运动以很大促进。其中提到"学校图画教学的意义不只是一种技巧的训练，而是一种审美能力的陶冶"。他之后还著有《艺术教育的本质》。朗格期待能出现"艺术爱好家"，以担当艺术家和一般公众的介绍者，让国民感受力得到提升。他有一段话明确表达了其旨在促进德国国民艺术素养的意图："我们不要在乎怎样可以培养出许多的艺术家——艺术家已经很多，好的、坏的都不少——而应在乎怎样教育对待艺术的公众，使国民能理解伟大的艺术品并保护之。"据此，朗格提出了教改意见。当时有人评价说他关注的是上流社会的艺术教育，主要是从大学图画、美术史和美学教授利益出发的。我倒是感觉他是希望让德国国民提高艺术素养，达到英法等国的程度。"主要是从大学图画、美术史和美学教授利益出发"的说法，透露朗格那个时期大学的美术教育已经有图画、美术史和美学课程了。

德国的艺术教育有"史"的深厚积淀。在1901年，德国就召开过"艺术教育大会"了，这在德国乃至各国的艺术教育史上都是第一次。到1903年，德国又召开过两次"艺术教育大会"，虽然有关会议的具体内容语焉不详，但这也无妨，以后有机会必会再寻访、再了解。

蔡元培——中国近代艺术教育的开拓者

　　我读史书会注意历史人物活动和大事发生的时序，我称其为"有时光刻度的年轮"。一看到那些特殊年份，就会立刻觉得思路开始回拨了。以蔡元培先生为例，看他作为一个教育文化伟人的心志情思所系及其浮浮沉沉的人生轨迹，就能窥见一段历史，连带寻绎出其思想的本源，即其推行"实在的主义"的发端。蔡先生说过："救国必以学，世界学术德最尊，吾将求学于德。"他第一次出国是在1902年游历日本（后因吴稚晖闹事而匆匆回国）。1907年和1912年他曾两次去德国求学。如果1902年那一年就能去德国，他很可能会遇上德国的艺术教育大会，会受到更直接的熏染和启迪，为他对中国美育的推进踏出一个更早的起点。

　　1931年，蔡元培先生在《二十五年来中国之美育》一文的开头说："美育的名词，是民国元年我从德文的Äesthetische Erziehung译出，为从前所未有……最近二十五年，受欧洲美术教育的影响，开始着手于各方面的建设，虽成绩不甚昭著，而美育一名词，已与智育、德育、体育等同为教育家所注意，这不能不算是二十五年的特色。"他大概是忘记30年前他就用过"美育"一词的事了。我们追溯至20世纪初年，1901年，蔡元培编著《哲学总论》时就说过"美育者教情感之应用是也"。这比1903年王国维在《论教育之宗旨》中提出"美育"早了两年。他们都是"开先河"的人，只是蔡元培把自己的人生交给教育的时间更长，他在教育界的位置更重要。他当过中华民国临时政府的教育总长，当过北大校长。他说过一句"以美育代宗教"，1917年《新青年》上有记载，到了1930年以及1932年又说过两次。我是在《蔡元培美学文选》里读到的，敬佩先生的执着、坚定，也深感他推进美育的实践之不易。有论者说那句高扬美育的话代表了"国家意识"。我要说：哪儿是啊。那时"国家"实际上并没有这个"意识",要不就不会这么艰难了。大多数论者都只知道蔡元培在民国元年就在"五育并举"的教育方针里列入了"美育",但据说后面两个（世界观教和美育）并未如报章所示"获得政府议会通过"。真相如何,看后面的历史就明白大概了。要钦佩的是,蔡元培先生的策划是那么细致:"军国民主义毗于意志;实利主义毗于知识;德育兼意志情感二方面;美育毗于情感;而世界观则统三者而一之。"他甚至把史地、理化、算学、博物、图画、唱歌、手工、游戏、体操各属哪科、哪育也都安排妥当了。

蔡元培先生对人文学者的选拔是慧眼独具的。他任民国教育总长时,把鲁迅请来主管全国的文化、科学、美术。鲁迅支持蔡元培的美育主张,除了主抓图书馆、博物馆、美术馆、美术展览、文艺音乐演剧、调查搜集古物和动植物园等工作外,还为全国美术教员举办美术讲习会,五次主讲《美术略论》。鲁迅于1913年2月发表《拟播布美术意见书》（见《教育部编纂处月刊》第一卷第一册）,从"何为美术""美术之类别""美术之目的与致用""播布美术之方"四个方面展开论述,提出"播布美术"的目的在于"起国人之美感",并希望造就艺术家。这些观点既有自己的独到观念和表达,又与蔡元培的思想主张合拍。1917年,蔡元培先生任北京大学校长时,以"思想自由、兼容并包"的方针办学,延请最好的教师授课。文科学长请陈独秀担纲,哲学课程和哲学研究工作请梁漱溟担任,北大图书馆馆长由李大钊先生任职。蔡元培在北大铺展美育,很重视相关学术研究和教学,领衔的都是各领域的专家学者。例如,他请沈尹默主持书法研究会,请萧友梅主持音乐研究会,请贺履之教授国画……他还发起成立北京大学画法研究会,为北大乐理研究会拟章程,为第一国立美术学校开学和北京大学音乐研究会发表演说,为《音乐杂志》撰写发刊词。总之,凡与美育相关又在他管辖范围内的事情,他都抱有满腔热情,支持各方布张搭台,一步步具体去做。

北大很早就开设了美学史课程,但还缺一门美学课。因一时没人能讲,蔡校长就自己上阵,坚持讲课十年,直到因足疾住院才停歇。他主政校长工作时,还大胆起用青年才俊任课。例如,他读了上海美专所编《美术》杂志（青年画家刘海粟任该校校长）,觉得上面发表的文章有一定的水准,就请刘海粟代他上美学课,并提示他若是遇到难以讲清的美学问题,可用绘画辅助讲授。

蔡元培先生一直孜孜不倦地研修学问并进行社会传播。他工作那么繁忙,还潜心研究美术、音乐、舞蹈和诗歌，写了四万多字的长文来探讨人类美术的起源。1920年蔡元培先生第二次去德国前曾连续到湖南省演讲七次，从文化讲到美术和美学的进化，从研究美学的方法讲到美术同科学的关系，还讲了他对学生的希望，孜孜矻矻，周到细致。他于1922年设计了一整套实施美育的方法，从家庭教育到学校教育，再到社会教育，三大块无一遗漏。其中，家庭方面，从孕妇胎教开始到幼稚园的美育；学校方面，分出普通教育和专门教育；社会方面，从设美术馆、博物馆、剧院、影戏馆到开美术展览和音乐会，又延伸到公园、道路、建筑、名胜的布置，古迹的保存，甚至坟冢墓区的美化，他对方方面面都有细腻的构思。他对"大美育"的建构，用心如此细微体贴，可以说无出其右者！

诚如美国学者杜威对蔡元培的评价：

拿世界各国的大学校长来比较一下，牛津、剑桥、巴黎、柏林、哈佛、哥伦比亚等，这些校长中，在某些学科上有卓越贡献的，固不乏其人；但是，以一个校长身份，而能领导那所大学对一个民族、一个时代起转折作用的，除蔡元培以外，恐怕找不到第二个。

我们田园高级中学（以下简称"田园高中"）于2005年和蔡元培故居建立合作关系，每年假期，学生都要到蔡元培故居瞻仰、感受先生的思想和风骨。蔡先生的小女儿蔡睟盎女士也两次亲自到校演讲，介绍蔡先生的美育和教育思想。我也有幸两次受邀在蔡先生故居华山路的别墅客厅里和蔡女士一起用餐，如沐春风般地感受蔡家教育世家风范。2013年，学校建校十周年之际，我特请学校雕塑专业毕业的李本海老师雕塑蔡先生的青铜雕像，辅以白色大理石基座，置于校园青松之间，让来来往往的田园师生每天都能从高高矗立的先生那里感受美育带来的人生力量。

上海"美专"的创办之功

上面提到的上海美专（上海美术专科学校）编辑出版的《美术》杂志，是上海美术专门学校及其学术刊物均达到高水平的显著标志，起到对外宣传"窗口"的作用。蔡元培誉上海美专为"新兴艺术策源地"，第二期杂志的封面题词即出自先生手迹。美专学校"网罗"了一批美术和艺术理论家（有的还是颇具功底的学生翘楚），因此出版了如此多的学术和专业刊物——除了《美术》还有《美专月刊》《艺术》《文艺旬刊》《新艺术》《荒原》《葱岭》《艺术界》《美术界》和《美训》，林林总总，姹紫嫣红。美术理论家吕澂曾主编最后三期《美术》。他扎实的理论功底及他对美术精湛的思想对刘海粟影响很大。吕澂还担任过美专的教务主任，兼任美学和美术课程教职。这么多人才汇聚上海美专，足以保证上海美专在全国引领风气，其与西方同类学校相比也毫不逊色。这样的一所美专学校在规模和实力上有着同北大一样的气度和魄力。如此还原这一中国艺术教育典范，可以为当下艺术教育灌注"生动气韵"，为发展今日各级各类学校艺术教育添助力。

作为中国近代最早创办的美术类学校，上海美专学校的创立时间为1912年11月（1913年1月出招生广告时校名为"上海图画美术院"），创始人刘海粟于1915年任副校长（1919—1952年任校长）。1920年1月，学校更名为"上海美术学校"，计划设中国画、西洋画、工艺图案、雕塑、高等师范及初等师范，共六科，先开办的是西洋画和初等师范两科。次年7月1日，根据国民政府教育部章程，学校被命名为"上海美术专门学校"，1930年改称"上海美术专科学校"。以上历数校名之嬗变，是为了"明体制"，后文再叙重要史实，则可"明渊源"。

1912年，建校伊始，刘海粟就在报上公开办学宗旨，称：

第一，我们要发展东方固有的艺术，研究西方艺术的蕴奥；

第二，我们要在残酷无情、干燥枯寂的社会里尽宣传艺术的责任。因为我们相信艺术能够救济现在中国民众的烦苦，能够惊觉一般人的睡梦；

第三，我们原没有什么学问，我们却自信有这样的研究和宣传的诚心。

这片心志与蔡元培所思、所为和所盼有着深度契合。1917年，蔡元培的《以美育为宗教》在《新青年》发表后，刘海粟心向往之，给蔡先生去信表示景仰、赞同和呼应，同时恳请先生多多关心上海美专。蔡元培回函表示赞赏，说："贵校成立数载，宏效卓著。敝校同人现发起画法研究会，思得成法，以资步趋。"这是两人交往的开始（过了若干年，刘海粟果真到北京给画法研究会讲学了——这是后话）。1918年3月，蔡元培题词"闳约深美"，美专以之为校训。据史料记载，1921年12月刘海粟应蔡元培之邀，为北京高等师范平民教育社讲"什么叫作社会艺术化"和"为什么要研究艺术"，又为北大画法研究会讲"现代绘画之新趋势"。1922年1月，刘海粟"画品展览会"在北京琉璃厂高等师范学校举办，蔡元培亲撰专文《介绍艺术家刘海粟》，开篇即言："刘海粟用了十四年毅力，在中国艺术界创造了一个新方向（也有辨识其笔迹为'方面'）。这虽是他个人艺术生命的表现，却与文化发展上也许受到许多助力。"蔡元培先生说"我们写这篇文，不独是介绍刘君，并希望我国艺术界里，多产几个像他那样有毅力的作者"。刘海粟后来与元培恩师近距离接触，在美育教学和学校管理方面多有聆教，对先生倡导的"思想自由、兼容并包"的理解尤深，回上海美专后更是大力践行。他欲引进西方私立教育的董事会体制，得到蔡元培的首肯。1922年蔡元培被推选为上海美专校董会主席，其他校董有梁启超、黄炎培等。梁启超、陈独秀等应邀来美专演讲多次。

蔡元培对刘海粟寄予厚望，呵护他度过"人体模特"风波，指点他把诸多社会政要名流聘为校董，帮其获得办学资金和人脉。他厚爱美专，提携学子，可谓情深意长。美专如他耕耘的一块田园，是他麾下的一支劲旅。美育和整个教育形塑社会和国民人格的影响力是在一代又一代人身上显现出来的。从1923年至1937年，蔡元培为美专一届又一届的毕业生颁发毕业证书，这些风华正茂的学子后来大都成为国家文化事业的栋梁之材。京华有北大，沪上有美专，能成为国之教育"重器"，显见蔡元培先生是以办好教育、建设名校、培育英才为己任的。

回眸德国"包豪斯"的几段历史场景

1919年，德国魏玛市包豪斯学校以全新面貌创立，成为率先将美术与工艺、艺术教育与工业设计及生产相结合的"领头羊"。年轻的建筑设计师、首任校长格罗皮乌斯亲撰《包豪斯宣言》（以下简称《宣言》），公开宣称："一切创造活动的终极目标就是建筑！"（这种思想让人吃惊，而他一直认为建筑具有合成绘画和雕塑的特性。）他号召建筑师、画家们、雕塑家们"回归手工艺"，他称艺术家就是"高级的工匠"，他认为"每一位艺术家都首先必须具备手工艺的基础"。他执意把建筑与雕塑和绘画"都组合在一个单一的形式里"，而且突出手工艺的重要性。《宣言》整整四页，附在后面的是《包豪斯教学大纲》，他在以后的实践中，严格要求教师和学生按纲要执行。有趣的是魏玛美术学院的教授们主动要求同工艺美术学校合并，并要求让建筑师格罗皮乌斯来担纲办新校，而不是让美术家执掌。格氏接棒，纲举目张，把教授改称"形式大师"，把工匠称为"作坊大师"，学生按程度称为"学徒"或"熟练工人"。他开出"初步课程"，一路曲曲折折地走向前方。他把一批自己相中的画家和工艺师大胆引进来任教。他摆脱传统绘画的束缚，扭转单纯美术的教学方式，把重心放在传授工艺技术上，引导学生联系实际，根据市场需要学习设计，在工作坊酝酿产品构思，到工场和车间让其成型，有厂商上门订购时签订合同。教学成就由社会评价。这所既有产品又出商品的学校，看似艺术教育的"另类"，却"春莺早啼"，唱响了艺术与职业教育的联袂之歌，成为今天依然值得学习的经典。

若要厘清其脉络，需要接续上它的时代动因。包豪斯不是从石头里凭空蹦出来的。1851年在英国开幕的首届世博会，以及拉斯金、莫里斯力倡的"工艺美术运动"，加上德国人自己通过"私人工艺美术讲习班"和"制造联盟"一

29

步步地探索前行，还有格罗皮乌斯所接受的表现主义的影响，都是促使格罗皮乌斯独辟蹊径、开启新创的动力源泉。

此外，要知道一些办学的内情，还得了解一般艺术教育史著未能写出的有关包豪斯诞生和成长的故事，那样认知才丰富和生动。譬如，格罗皮乌斯校长私人事务所若接到社会或私人委托，会把制作家具、室内装修等业务转包给校内作坊，这样学生们（准确地说是多才多艺的熟练工）就可以把绘画、家具设计、制陶、雕塑、摄影等技术都接触个遍。他们中有会制作可调式金属灯具的，有会玩蒙太奇摄影的，都能挣点钱。照理说，学校因此也能证明课程和教课大师（教授）的成就，但格罗皮乌斯却不看好1919年7月的那次学生作品展，认为作品水准低劣。他对学生说的话很刺激人："不久你们大家就都不幸必须干活挣钱去了，将对艺术保持信念的，只能是那些准备为它去挨饿的人。"

如果要评价包豪斯，一定得注意分清是哪个时期的包豪斯，是他的初期、中期还是晚期？是魏玛时期的包豪斯，还是德绍时期的包豪斯？"一千个读者，有一千个哈姆雷特。"是的，对包豪斯，也要做"面面观"。

譬如，对于格罗皮乌斯聘任的"形式大师"，外界的评价褒贬不一。

上面提到对于1919年那次学生作品首展格罗皮乌斯很看不入眼。自那以后，他又组织过几次学生习作展（主要是关于伊顿"初步课程"的学习成果）。几经历练，1923年那次大展终于让包豪斯大放光彩！格罗皮乌斯下了大力气果然见到奇效，包括启动广告攻略，请一些国际名流来参观，策划"包豪斯周"，用"展览+表演+演说"等各种形式渲染气氛，处理一些"公关危机"，等等。格罗皮乌斯本人发表演讲，还展出他的一些设计方案、摄影和模型。一幢新颖的钢框架方盒形住宅是教师设计的，里面的厨房（有低橱柜和贴墙吊柜）和室内家具用品是学生设计的。这些经费都由木材商资助。格罗皮乌斯的魏玛包豪斯，好像到此时才展露真容，他的"现代建筑"的主题，也具象化地得到图示。之后，包豪斯的产品在法兰克福和莱比锡博览会上都设有展台。

然而好景不长。政治局势紧张，危机再次来袭，抵不过右翼势力的攻击，包豪斯无奈撤离魏玛，转场德绍（1925）。这对包豪斯的后续发展未尝不是好事，毕竟离首都柏林近了，经费也有政府保证。对此，多数师生表示欢迎。格罗皮乌斯的办学理念也有了改变。按照新的格局，他想把建筑系建立起来（后由私人事务所改成），到1927年正式运转。学校去除了"形式大师"和"作坊大师"双轨制，"大师"的名称也改回"教授"，工作坊教学主要授权给工匠负责。优秀的毕业生留校任教，把原先两类"大师"的职责一肩担起；家居用品设计能手成为系科扩并后的掌门人。学校还想出由赞助商出资，建立"包豪斯有限公司"，此后的设计方案可以作为专利出售，让校方的荷包鼓起来。包豪斯的校刊和丛书出版也都起步了。按照格罗皮乌斯的指示，建筑采用新工艺和新材料，新校舍很快就建了起来。学校画室多至28个，餐厅、剧场、健身房、双层天桥和屋顶花园一应俱全。学校选拔出类拔萃的学生任教，称其"青年大师"（在12名教师中有6名，占了一半）。

但在引进梅耶出任建筑系教授后，校内人际关系变得很糟，包豪斯常遭受批评非议。到1928年，格罗皮乌斯突然辞职，还提名梅耶为校长人选，他不是不知道这是个左翼分子，他只顾自己能卸下重担去搞建筑设计业务，但包豪斯却滑向了深渊。最后又经历一次校长更换（梅耶离职，密斯·凡德洛接任），这所极有生机和特色的学校每况愈下。到1933年，因希特勒的暴戾而被查封，德绍包豪斯就此告终。如此结局，任谁都难以猜到。

后来，许多教授都逃往美国谋求生计和发展，包豪斯的名声和遗风也被转移到美国去了。格罗皮乌斯在哈佛任教（他的学生有贝聿铭）。一位曾任教于早期包豪斯的教授，莫霍利·纳吉在芝加哥办了所"新包豪斯"。在历史语境里，"包豪斯现象"成为被研究的对象。作为一种艺术教育（尤其是工艺和设计教育）的模式和精神，它在不同程度上被传承，特别是到了它的百年诞辰，"包豪斯大篷车"开往世界各地，激起现代设计界对它的缅怀和赓续情怀，希望能将其植入现代设计，继续发扬光大。

看上海美专和德国包豪斯

上文分别介绍了上海美专和德国包豪斯，可谓"夏兰秋菊，各有可观"。本书的读者们，我们是否可以"举镜互照"，看对于中德两国这两所学校，我们有哪些启示可以获取？

不同的学校，"落"在不同的国度和时代，有不同的命运。上海美专，是一种类型；包豪斯，是另一种类型。它们的精神各有其辐射范围和强度。举镜互照，它们既有可比性（如校长素质、教师阵容、学生能力、教学模式），又有不可比性（如国家制度、地缘政治、时代氛围、文化基础）。

从校长这个视角观察，会连带看出许多方面。虽说很少有人会把刘海粟和格罗皮乌斯（以下简称"刘"和"格"）放在一起做比较，但我觉得若将这两位校长在素质、作为和成就方面进行映照，倒也不乏"看点"。

两人的共性是大胆，都富有开创精神。刘是中国"大美术"的拓荒者，有气魄。他在上海滩搞西式美术教育，"在干燥枯寂的社会里尽宣传艺术的责任"，敢于引进"人体模特"，即使酿成社会事件也没乱阵脚，后来还能成为美术教育的历史先例（算是意外收获）。格史无前例地用"包豪斯"概念办学校，用建筑聚合绘画、雕塑各门类，使大师、工匠合作，既出产品，又育人才，以此作为教育目标，超前贯通工业设计，开启学校艺术设计教育之先河。没人能想到这一层可有大作为。

引进教师是校长的重头戏。刘引进了张大千、黄宾虹、傅雷、马思聪等大师开课，引进陈独秀、梁启超、郭沫若等名流演讲。教师团队和名人讲座阵容强大，新思想、新概念、新技法打开了莘莘学子的视野，为后来的创造丰源蓄力。格从异邦引进康定斯基，无疑算是既有胆又有识（康定斯基也确实不负所望）；但他引进伊德（"拜火教"的信仰者）和梅耶（左翼分子），则是冒险了。其选用导师的标准与教育目标是相悖的，前者固然给他完备了"初步课程"，但后者的政治倾向暴露时则使格无法再保持中立，最终给学校带来灾变。

在对待学生作品搞展览方面，也可比较来看。刘组织学生去杭州写生，包车厢，挂横幅，造声势。待写生结束、习作汇齐，就地向市民展出，扩大学校影响。格在这方面最初是无意识、无准备的，见学生习作失水准，便看不顺眼，揶揄多于鼓励。后来格调整了意识，拿出师生最佳作品（甚至把自己的设计方案都放进去），通过广告和公关成功吸引外部的注意力。1923年那次大展就成功地展示了学校实力。

在依靠上层支持、用足人脉方面，刘很懂其中奥妙，想到学西方私立教育体制搞校董会，并获得学界鸿儒、政商名流的支持。同时博得蔡元培对其厚爱、呵护有加，并使"人体模特"事件化险为夷。格在政府那里得到的支持并不多，他吸收艺术家和工匠全看缘分，因其眼光偏失而受损。德绍后期遭遇不测即说明其用人之失误。

解读"世界艺术教育路线图"

　　为探索艺术教育如何满足21世纪所需的创造力以及如何发挥其在文化意识中的作用，联合国教科文组织于2006年3月6日至9日在葡萄牙里斯本召开了世界艺术教育会议，审议了人类有史以来第一份全球性艺术教育指导性文件——《艺术教育路线图》（*Road Map for Arts Education*，以下简称《路线图》）。制定本文件的目的是：促进全球艺术教育界人士提高对艺术教育重要性及教育质量所起重要作用的认识；试图对艺术教育领域中一些概念进行定义，并认同一些良好做法。制定本文件旨在构建具有创造力和文化意识的社会，传递对艺术教育重要性共识的愿景，鼓励全社会积极合作和行动，获得必要的财政和人力资源，以确保艺术教育能更全面地融入教育体系和各级学校之中。

　　有关艺术教育的目的历来有很多争论，由此还衍生出一些问题："艺术教育仅仅是为了欣赏而教授，还是被作为促进其他学科学习的一种手段？""艺术的传授是为了自身学科的发展，还是使个体从中汲取知识、技能或价值，抑或是两者兼而有之？""艺术教育是为部分天才学生而选定的学科，还是为了所有学生而进行的艺术教育？"这些问题仍然困扰着当今艺术教育工作者、教师、学生和决策者们。

　　我们可借读"图"的机会，进一步厘清有关艺术教育的目的和功能价值问题。

　　文化和艺术的教育是个体全面发展的重要组成部分。接受艺术教育是人类的一种普遍权利。艺术教育在任何一个国家的教育计划中，都要为所有人提供平等参与文化艺术活动的机会，提供一个长期的、系统的教育过程，使艺术教育成为全民教育中的必修部分，以此确保每个受教育者的权利。儿童要能充分参与文化艺术活动，必须逐步学会理解、欣赏和体验由艺术家探索的艺术表达方式，分享各种相同或不同的观点和见解。

每个人都具有创造的潜能，而艺术为学习者提供了能积极进行创造性体验和发展实践的机会。研究表明，将学习者引入艺术创作过程，就是将他们自身的文化元素融入教育，培养他们的创造力和主动性，培养他们丰富的想象力、良好的情商和道德、批判性的反思能力、自主意识以及思想和行动的独立性。艺术教育可以促进学习者的认知发展，也可以使学习者了解更多有关他们所处时代的需求。

大量有关教育的文献表明，对艺术欣赏和知识有所体验与了解，能够促进学习者在各个学科的学习中发展独特的视野，而这种独特的功能却不能通过其它教育手段得到发展。

艺术教育有助于将身体、智力和创造能力结合为一个整体的教育，可以使教育、文化和艺术之间的关系更充满活力和更富有成效。

21世纪的国际社会正面临着各种挑战，社会转型影响到家庭，孩子们经常会遇到各种各样的情绪和社会问题，文化传统和惯例的传递变得越来越困难，特别是在城市地区。因此，艺术教育显得尤为重要。

专家认为，认知与情感两者之间日益分化的问题体现在学习环境中。重视对认知技能的发展，而缺少对情感过程的重视，这是造成现代社会人们道德行为水准下降的原因之一。情感过程是决策过程中不可或缺的部分。情感作为行为和思想的载体，帮助人们建立起反思和判断。如果没有情感的参与，任何行为、想法或决定只能成为纯粹的理性思维。正确的道德行为可以构成公民的坚实基础，它需要情感的参与。艺术教育能鼓励情感的发展，使认知和情感之间取得更好的平衡，从而有助于促进人的全面发展。

21世纪需要的是具有灵活适应性和创新能力的劳动者，因此也需要与之相适应的教育体系。艺术教育能使学习者掌握以上这些能力，学会表达自己，批判性地评价周围的世界，并积极参与人类生存的各个方面。

艺术教育也是促使各国发展必需的人文资源，是挖掘各国宝贵文化资本的手段。如果各国希望发展强大和可持续的文化（创意）产业和企业，利用这些资源和资本是必须的。这些产业在许多欠发达国家的社会经济发展中有可能会起到至关重要的作用。

对于许多人来说，文化产业（如出版、音乐、电影电视产业以及其他媒介）和文化机构（如博物馆、音乐厅、文化中心、艺术画廊和剧院）是人们接触和了解文化与艺术的主要门径。艺术教育课程能帮助人们去发现由文化产业和文化机构所提供的各种文化表现形式，并批判性地做出回应。换个角度来看，文化产业也可作为教育工作者把艺术融入教育的资源。

有关提高艺术教育质量的问题仍需关注。联合国教科文组织在2006年发表的《全民教育全球监测报告》中指出，虽然儿童接受教育的机会不断增加，但世界上大多数国家的教育质量仍然偏低。为所有的人提供教育是重要的，为学生提供优质的教育至关重要。"素质教育"以学习者为中心，这可以通过三项原则来说明：教育与学习者有关，而且也促进普世价值；教育的公平包括入学和毕业，并保证社会的包容而不是排斥；教育应反映和帮助满足个人的权利。

关注2010《首尔议程：发展艺术教育的目标》

　　良策和行动能为发展世界艺术教育踵事增华。2010年，联合国教科文组织在韩国首尔召开第二届世界艺术教育大会，旨在再次评估并鼓励进一步实施《路线图》。会议关注和平、文化多样性、跨文化了解以及后工业化经济时代就业队伍所需要的创造性和适应性。艺术教育可以使人们能够为应对当今世界所面临的社会和文化挑战做出直接的贡献。艺术教育要使人们能够成功地应对这些挑战，关键在于各项计划的构思和实施都要达到高标准。

　　第二届世界艺术教育大会颁布了《首尔议程：发展艺术教育的目标》。这是本次大会的一项重要成果，其宗旨是在里斯本会议通过的《路线图》的基础上深化既定工作。其具体内容针对以下三个目标来建构。

目标一：确保艺术教育成为教育不可或缺的组成部分

1. 确认艺术教育是创造力、认知、情感、审美以及社交能力的基础

　　行动要点：学生都能够全面学习各种艺术，艺术教育是广泛和综合教育的组成部分；社区的各类学习者都能接触各种不同的艺术，包括数字化和其他新型艺术形式；要加强各类能力素养的协同作用（创造力、认知、情感、审美和社交能力），建立高质量的评估体系，确保学习者在艺术教育中能得到全面发展。

2. 通过艺术教育来促进建设性的改革教育系统和结构

　　行动要点：把艺术教育作为一种教育模式来介绍其他学科的艺术内容和文化内容；通过艺术教育，在教师和学校管理人员中培养一种具有创造性的文化；通过艺术教育，推出创新的教学方法以及为多种多样的学习者编制课程设

置的创新方法。

3. 建立以艺术教育为内容、为对象、为手段的终身学习和代际间学习系统

行动要点：保证各类社区和各类机构环境中具有各种社会背景的学习者都能终身接受艺术教育；确保各年龄段的学习者都有机会接受艺术教育；推动代际间学习，保护传统艺术知识，促进代际间理解。

4. 提高艺术教育工作者的领导能力、倡导能力和制定政策的能力

行动要点：提高从业人员和研究人员改革艺术教育政策的能力，如吸收边缘化群体和弱势群体参与艺术教育政策的规划工作；加强交流与宣传，强化与信息媒体的联系，建立一种恰当的交流语言；利用信息技术和虚拟网络沟通现有的国家和地区行动；宣传艺术教育对个人和社会的影响，提高公众对艺术教育价值观的认识，鼓励在公共和私营部门开展艺术教育。

目标二：确保高质量艺术教育活动的设计和实施

1. 满足当地的各种需求，开发高标准的艺术教育

行动要点：为学校和社区实施艺术教育计划制定标准，制定正式的艺术教育教师和社区培训师的资格标准，为进行艺术教育提供必要和恰当的设施与资源。

2. 确保为艺术教育工作者提供长期的艺术教育培训

行动要点：建立持续的专业学习机制，向教师和在教育领域工作的艺术教育工作者提供必要的技能和知识培训，将艺术原则和实践纳入职前教师和在职教师的专业发展计划；制定指导与监督质量监测程序，确保艺术教育培训计划的实施。

3. 加强艺术教育研究与实践交流

行动要点：支持对全球的艺术教育理论进行研究，将理论、研究与实践联系起来；鼓励合作开展艺术教育研究，并通过信息交流中心和观察站等国际机构传播研究成果以及进行示范性的艺术教育实践；汇总体现艺术教育成效的成功实例并加以合理推广。

4. 加强教育工作者和艺术工作者在信息以及在校外计划中开展协作

行动要点：鼓励学校安排艺术工作者与教师合作授课；鼓励社区组织与教师合作，在各种学习环境中开展艺术教育；积极吸收家长、家庭成员和社区成员参加各种学习环境中的文化活动。

5. 建立各相关方和部门之间的艺术教育合作伙伴关系

行动要点：在政府内外建立合作伙伴关系，特别是通过教育、文化、社会、卫生、工业和通信部门之间的合作，增强艺术教育的社会作用。协调政府、民间社会组织、高等院校和专业协会的工作，强化艺术教育的原则、政策和实践；吸收私营实体部门参与艺术教育计划的制订工作。

目标三：运用艺术教育应对当今社会和文化的挑战

1. 用艺术教育来加强社会的创造力和创新力

行动要点：各学校和社区通过艺术教育促进个人创造力和创新力的发展，培养具有创造力的新一代公民；通过艺术教育推动具有创造力和创新力的实践活动的开展，促进社会、文化和经济的综合发展；将新兴的具有创意的通信技术作为批判性思维和创造性思维的资源。

2. 发展艺术教育中有利于社会和文化福利的内容

行动要点：具有传统和当代的艺术体验价值；具有治疗和保健作用；在保护遗产、促进文化多样性和文化间对话方面可以发挥作用；在冲突后和灾后可以发挥反思作用。

在为艺术教育专业人员安排的培训计划中可以引入有关社会和文化福利的知识，把艺术教育作为提高学习者参与兴趣的一种过程，从而降低辍学率。

3. 艺术教育可以培养学生应对从和平到可持续等主要全球性挑战的能力

行动要点：可以把艺术教育活动的重点放在一系列广泛的当代社会和文化问题上，如环境问题、全球移民、可持续发展等；可以扩展艺术教育活动中的多元文化内容，增加学生和教师间的文化流动，培育全球公民意识；可以通过艺术教育来促进各社区的民主与和平，支持冲突后社会的重建工作。

美国艺术教育发展纵与横

第二次世界大战后，美国的高等教育发展很快，又吸纳了法、德等国的大学知识精英，于是能执世界高等教育之牛耳。20世纪20年代，美国的华盛顿大学已经可以授予MFA（Master of Fine Arts，艺术硕士）学位了。MFA的建立为后来的艺术教育发展奠定了基础。这不仅为美国的艺术教育赢得了新的荣誉，而且使美国艺术教育的发展水平更加处于世界领先水平，赴美留学读MFA也成为年轻人趋之若鹜的时尚追求。

这番简洁的勾勒告诉我们：世界高等教育的发展是与创新和竞争交织在一起的，没有平平稳稳、永操胜券的高校鼻祖能一直领先。谁保守，谁就落后。在奋进的道路上，前面总有凭实力成为先驱者的，其余更多的国家和地区只能望其项背。美国1994年立法通过《艺术教育国家标准》，就是想以高标准发展艺术教育，以求取国际竞争中的王者地位。

这样，我们在领略了世界艺术教育发展宏图后，很自然就会把美国作为发展坐标上的一个参照点来审视。

回顾历史可以发现，美国艺术教育的进步跟它愿意向欧洲学习是分不开的。1880年，美国开始派员去巴黎和慕尼黑学习，还请一批欧洲艺术家赴美讲学。那时还是以传统的学院学科为基础。

20世纪初，给美国的教育带来重要影响的有两个方面：一是英国工艺美术运动，促进了美国艺术教育尤其是手工艺事业的开拓。二是受杜威的教育理论的影响（关于儿童的四个本能：语言和社会的本能与活动、制作和建造的本能与活动、研究和探索的本能与活动、艺术的本能与活动），学校把儿童的兴趣作为美术教育的出发点。杜威的《艺术即经验》影响了一批艺术家，但反对杜威实用主义教育观的力量也在生长，他们强调培养热爱永恒真理的美德，而不是仅仅满足实用生活的需要。艺术教育家托马斯·芒罗的思想观点也十分重要，他认为"在艺术教育中应该超越只是为了获得专业技巧的目的"；美学和艺术应该"用于教育和经济等方面"，包括艺术教育、普通教育艺术和艺术医疗（尤其指心理变态）。此外，他还提到了艺术产业管理（如对美术展览和建筑业进行管理）。

1913年发生了两件大事：一是成立了"中等教育改组委员会"（5年后提出了《中等教育的基本原则》，这份报告确立了教育教学的民主原则，以及"6-3-3"学制和综合中学的地位，是得到广泛阅读的教育文献之一）。二是这一年年初，当国际现代艺术展览在美国芝加哥展出时，芝加哥美术学院的学生怒烧野兽派主将马蒂斯的模拟画，以示抗议。

20世纪的20—30年代，美国各大城市都聘请了艺术督学，对初级学校的艺术教育进行指导和管理。1930年，美国进步教育协会成立了"大学与中学关系委员会"，标志其研究成果的是一份"八年研究"计划（为期8年的大规模高中教育改革实验研究计划），其带来的新变化之一是学生进大学不仅凭入学考试成绩，还得凭学业成绩单和中学校长推荐信。

30年代，美国的艺术教育就确定了四方面的教学任务：强调培养艺术家；强调对艺术的评价、欣赏和理解能力；强调艺术史的教育；强调艺术教学方法，培养艺术教师。

1933—1938年，奥瓦通纳地区全面实施艺术教育五年计划并取得成功，促使美国国家教育研究协会着手编写第一部艺术教育年鉴专辑——《美国生活中的艺术和教育》，社区从此有了艺术教育。学校的艺术课程设定为商业艺术、工业艺术、消遣艺术、基础设计原理和色彩等九方面，学生提高了艺术表现力，教师也用艺术图解其他科目。1938年，奥瓦通纳的高中课程被一些大学的附属中学采用。

第二次世界大战爆发前后，美国因希特勒驱逐德国知识分子而获益。欧洲许多艺术家逃往美国避难，从事艺术教育。其中有大批德国艺术史学者（包括学养深厚的犹太艺术史学家）进入美国高校从事艺术史研究和教学工作。全美在40年代开设的艺术史课程超过800种，仅哈佛大学就有61种。来自德国包豪斯的阿伯斯，一直工作到1960年，把他的精力和经验全部奉献给了美国大学的艺术教育。

1955年，美国组建了全国性的艺术教育委员会。1977年发布了一份报告：《我们的领悟——艺术对美国教育的重要性》。

美国艺术资助机构在1988年曾经公布过一份报告：《走向文明——艺术教育报告》，评价了艺术教育对培养学生文明感和四种能力（创造能力、沟通能力、表达能力、判断能力）的积极作用。

1994年，为了贯彻《2000年目标：美国教育法》，实现克林顿和赖利提出的2000年美国教育要达到"世界级水平"的目标，《艺术教育国家标准》出台。随之还发布了有关音乐教育和学习机会标准等方面的一系列文件（包括教学策略、学习顺序纲要），清晰地勾勒出了整个学科框架及各科内容关系。标准的研制有三项要求：具备国际能力、反映最高水准的教育科学理论、具备广泛的基础和公开的程序。地方分权，这是联邦政府首次干预。艺术教育的国家标准出台，首次确定基础教育的核心课程，赋予其与其他七门核心课程同等地位。其对学科结构的组织方式、学习顺序设计标准的表述反映了美国艺术教育界在现代教育科学方面的思想是比较成熟的。

富有特色的英国艺术教育

考察英国艺术教育，可把1851年作为第一个时间节点，因为曼彻斯特大学成立于这一年，并开设了高等学校的美术课程。

到1870年，英国政府通过了《初等教育法》。从课程设置看，也有美术课，这是初等美术教育的开端。

1902年，英国政府提出《教育法案》，要求设立包括绘画、手工等美术课程在内的"现代化中学课程"。这就是英国中等美术教育的肇始。

英国之所以能不断发展和发达，成为全球艺术活动较活跃、较富创意的国家之一，究其原因，很重要的一点是英国着眼于未来与全球化竞争环境——关注新时代涌现的新技术，审视、挖掘创造力与新技术媒体的结合可能对学生造成的影响，对学生创新力、批判能力和文化理解力的培养高度重视。

正是因为充分意识到艺术教育与发展经济、创意人才的关系，英国政府才由上而下推行若干艺术教育与创造力培养政策。这在今天看来仍具借鉴意义。

一、构建大、中、小学衔接和整合的艺术教育体系

自1999年颁布《国家课程》以来，英国政府又在2014年出台了《课程框架文件》（以下简称《文件》），从小学至初中一以贯之地设置了九门基础课程（艺术与设计、公民、计算、设计与技术、外语、地理、历史、音乐和体育）。其中，艺术类课程占基础课程总量的近三分之一，并对"艺术与设计"和"设计与技术"课程有明确的设置要求。《文件》对"艺术与设计"学科课程目标的阐述是："高质量的艺术设计反映和塑造着人类的历史，帮助各民族进行财富积累和创新变革，是人类创造力最高形式的表现。"这门课程要求学生通过对知识与技能的体验与学习创造工艺，设计艺术作品。教学内容涉及绘

画、雕塑、平面设计、建筑、工艺、艺术史等方面。其中突出提及"创新变革"和"创造力"，这显然同英国对创意产业的重视有关。前述九门科目虽然没有提到"美术课"，但在这段文字里，我们看到了绘画和雕塑都是被列为教学内容的。

在英国政府对教育的顶层设计中，"设计与技术"课程更强调实践性，旨在培养学生的创新能力和想象力，使学生能运用数学、科学、工程、计算机及艺术等知识和实用技能设计与制作高品质产品，发展创意，自信地参与日益技术化的世界，并在解决现实生活中的各种问题时，还能就其对生活的影响进行批判性评价。这对国家和国民致富及文化繁荣都将产生重要影响。

为了让这样的课程真正有效，学生学习的内容必须涉及能源、农业、食品、建筑、园艺、时尚等多个领域。因此，学校会根据学生不同的年龄段，与社区、企业、博物馆、文化行业联系与配合，将课堂从校内拓展到校外，让学生在动手实践中接触绘图、模板、切割、焊接、电路等各项实际生活中需要具备的技能，了解机械、纺织、建筑等多方面的基础材料和审美特质，掌握通过计算机进行艺术设计的基本方法，学以致用。

值得注意的是，《文件》把"烹饪与营养学"也作为一个独立部分纳入基础教育阶段的"艺术与设计"课程。确立"教育服务于生活"的理念自有其理据，即作为人类发挥创造力的伟大体现之一，健康的饮食和烹饪技能能够让学生在当今及日后更好地生活。

高中阶段的艺术课程，除了基础教育阶段的三门必修课程外，艺术学习领域进一步扩展，把"艺术"（包括艺术与设计、音乐、舞蹈、戏剧、新媒体艺术）、"设计与技术"、"人文"（包括地理和历史）和"现代外语"建构成四大选修课，学校必须向学生提供以上所涉及领域中的至少一类课程，如果学生提出需求，学校则应该能提供这四个领域的任一门课程。

在英国基础教育中，艺术课程与科学、数学、语言等共同归类为基础课程，具有重要的学科地位。中小学艺术教育有序衔接，使英国普通高校为学生开设的普通艺术类公共选修课程已基本达到规范专业课程的标准。

高中处于低学段（小学、初中）和高学段（大学）的中继阶段，所以，让学生打好读大学的基础、接受可持续发展的艺术教育是十分必要的。例如，牛津大学面向全校学生开设的音乐类公共艺术选修课程多达几十门，细化到不同时期的作品研究、音乐史论、分析与批评、舞台管理、重奏实践和世界音乐的各个族群等。基于丰富的人文艺术类课程，不同学院的学生可以学习相同或不同的专业知识，同一学院的学生可以跨系选修不同系的专业课程。这样不仅有利于学科的交叉，而且更好地拓展了学生的思维广度，使学校在培养复合型创新人才方面形成优势。

二、构建面向大、中、小学的博物馆艺术教育平台

英国是较早建立博物馆的国家之一，英国的大英博物馆是世界四大博物馆之一。早在1931年，英国教育委员会便发布了《博物馆与学校：公共博物馆与公共教育机构不断增加的合作可能性备忘录》。其中展示了英国国内博物馆教育的发展现状，列举了一些国内及国外的优秀案例。1988年，英国《国家课程》明确指出，学校课程可与博物馆教育相互连接。此后，博物馆馆方开始配合《国家课程标准》中"艺术与设计"学科的指标，针对不同学龄青少年分阶段制定活动手册，与学校紧密连接，提供翔实的参观指南给师生使用。21世纪以来，英国大多数的国立、省立、私立博物馆都能将公共教育作为博物馆的重要职能之一，设立博物馆教育部门，形成博物馆与当地教育局的常规、多样合作模式。

以设计艺术著称的英国维多利亚和阿尔伯特博物馆，其官方网站上设有专门的教育板块，与英国中小学"艺术与设计"课程非常契合。该板块根据小学、中学、大学到研究生不同阶段进行纵向分类，每一阶段均罗列该阶段学生在参观前所需达到的知识储备技巧和能力水平，并设置了学生回校后需要重点完成的作业及学习目标。不同的区域详细对应着不同阶段的展品、器具材料和不同年龄层次的参观者可以开展的活动范围。例如，在小学阶段的"发现区域"（Discovery Areas），儿童可以在驻馆艺术家的指导下把玩一些艺术复制品或试穿各种道具服装，学习各种搭配的技巧并相互评论；针对中学阶段学生则更加系统和专业，添加了更多对艺术作品原作的欣赏、对画作历史背景的了解等内容，要求学生在互相交流和讨论中获得艺术与设计的灵感。

除去常规的参观学习外，该馆还定期为中学团体举办特色时装设计展、装置艺术展等，并请来艺术家指导学生的绘画和设计练习。馆内开设的陶艺、视觉艺术、游戏设计等主题工作室，学生可免费参观，也可参与制作。

三、高层文化组织在国家层面发挥艺术教育国际影响力

在英国，由政府支持开展的一系列项目、行动、计划，为英国创造性教育的研究提供了一个有利的平台，将艺术家、企业与社会、学校联动起来，形成互动圈，极大地增强了社会对创造力培养的意识。

由政府拨款的非营利性组织——英国文化协会（British Council），主要致力于促进英国文化、教育、国际关系的拓展和交流。该协会承担英国对外交流活动，以及包括艺术在内的教育改革项目的开发和实施。英国文化协会至今已成立81年，在全球109个国家、200多座城市设有分部（在北京、重庆、上海、广州均设有分中心），有7000多名员工，是根据英国皇家宪章建立的慈善机构，政府核心拨款占机构年度收入的25%，2014年收到英国政府拨款总额为7.81亿英镑。2015年适逢中英文化关系史上首个文化交流年，中英两国各自举办一系列代表各自文化艺术和创意产业最高水平的活动。

英国还有专门致力于打开儿童和年轻人创造力之门的国际组织——英国创意文化与教育中心。据英国政府统计，现在还在中小学读书的孩子未来可能从事的工作中有六成都还没有"被发明"。现在，成人帮孩子准备的工作，等到其25岁时，该工作可能已经消失。所以，教育的核心目的就是发展孩子的创造能力，让他们未来有能力发明新工作。因为未来的世界不需要"找工作"的人，但需要"创造工作"的人。

英国最为成功的艺术教育——创造力培育计划，是创新伙伴关系项目（Creative Partnerships，CP）。它是目前世界上规模最大、持续时间最长的项目，将艺术、文化和创意方法成功带入课堂。该项目支持包括艺术家、表演者、建筑师、多媒体开发人员和科学家在内的创意专业人士与学校建立长期合作伙伴关系。前者作为培养学生创造性思维习惯，如想象力、好奇心、纪律与合作、韧性等能力培养的催化剂，促进了学校学生出勤率、成绩、通识教育、家长参与等各方面的有效改善。在2002年到2011年的十年间，创新伙伴关系项目的8000多个子项目成功辐射英格兰2700所学校，并优先考虑教育弱势社区，重点帮助欠发达地区的学校寻找改革的机遇，促进教育公平发展，使多达100万名儿童和9万名教师由此受益。

中英两国的教育系统、教育理念在艺术教育方面有很大的不同。英国独特

的教育体系，每年都能吸引全世界的青年学生慕名赴英求学，这也让教育成为英国的一大收入来源。完备的教育产业链条和高质量的教育水平保证了英国教育的兴盛，为全世界培养了大量的优秀人才。基于英国在创意产业研究和实践中的领先地位，越来越多的学生到英国学习与创意产业文化相关的课程，纯艺术、摄影、设计、电影、戏剧等专业越来越受中国学生的青睐。了解英国艺术教育的现况和中英两国艺术教育的异同，具有实际的意义。对英国诸多艺术院校和课程，可做同一个院校内不同学科的对比（如皇家艺术学院），也可对不同院校同一专业做横向对比（如格拉斯哥、爱丁堡和威斯敏斯特大学的摄影专业），调研、比较力求覆盖设计、纯艺术、剧场艺术、摄影及舞蹈等多类艺术课程和学校，也要尽量囊括较为"另类"的学院（如佳士得、保罗艺术教育学院）的新异项目，也有必要通过采集大量资料做横向和纵向对比，以了解英国艺术教育的历史、现状和发展趋势。

艺术教育学校是泰特现代美术馆研究部持续了5年的研究项目。研究者专注探究1960—2000年这40年间英国艺术院校课程设置和教学体制的变化。在该项研究圆满结束之际，当代艺术研究院举办了一个题为"为何当今的艺术学校如此不同，如此诱人"的学术会议来讨论英国"自我组建、实验和非正统"的教育模式，同时也尝试质疑艺术和设计两门学科所涉及的教育内容。英国本土对于讨论艺术教育的重视并不出人意料。这个命题也吸引了诸多怀抱艺术梦想而远赴英国求学的国际留学生的目光。各方的兴趣都在"同点聚焦"——到底是什么元素，使得英国的艺术教育体制如此不同并具吸引力。

基础课程的设立是不容忽视的，特别是其对于中等教育、高等教育以及艺术实践这三者之间的衔接和转换具有强大的、首屈一指的影响。根据英国高等院校入学申请机构的定义，基础课程旨在从某一领域的理论和实践两个学习层面帮助学生实现从中等教育到高等教育的过渡及转换。艺术教育工作者们认为基础课程的学习对于学生们来讲是一个非常必要并且有效的学习。因为这样的课程允许学生们在一个广泛定义的领域内尽可能地通过尝试不同学科的学习来获取一些基本的技能和知识。例如，对于希望学习艺术和设计的学生来讲，相对应的基础课程会让他们去尝试学习不同的艺术媒介（包括油画、素描、摄影等），从而发现自己更多的兴趣所在。这样的经历和知识可以有效地帮助学生选择自己在大学想要学习的某一项更加具体的艺术学科。基础课程的学习时间为一年到两年不等，取决于具体的学校和学校学科的要求。

基础课程的历史要追溯到20世纪50年代末。威廉·寇德斯吉姆、荷尔博特·雷德和哈里·特博伦被认为是"基础课程之父"。寇德斯吉姆不仅是一位伟大的战地艺术家，而且还是伦敦大学斯莱德美术学院的教授和院长。他对基础课程的设立以及英国艺术教育的启蒙与发展有着深远的影响。寇德斯吉姆的影响并不拘泥于教学，他对艺术教育有超前的思考。他在担任国家艺术教育顾问主席一职期间撰写并于1960年发表了《寇德斯吉姆报告》，其中总结归纳了艺术设计学位的入学条件。由此，艺术设计学位的确立成为基础课程诞生的直接原因。

寇德斯吉姆的学术同人荷尔博特·雷德和哈里·特博伦在细节上对基础课程进行了更加详细的设计。他们最初设定基础课程的目标是教授学生掌握在所有艺术领域（包括设计和建筑）可运用以及可进行探究的基本技能。雷德受到德国包豪斯艺术学派的影响，认为基础课程应该培养学生对于颜色的运用技能，以及能精确地运用平面和立体来确定作品形式，除此之外，还应该让学生尝试运用多样的素材来进行艺术创造。基础课程教学方法最原始的特点是它不会教授学生任何具体学科将会学到的技能。倘若一个学生决定在大学期间学习油画，基础课程并不会教授这个学生任何与油画相关的艺术技巧，而是会培养他运用在所有艺术学科领域的最基本的思维方式和艺术技能。

由于基础课程变得越来越具体化和学科化，如今人们已经变革了原先那种基础课程模式。随着艺术院校录取门槛的提高，他们期望自己未来的学生在入学前就能够掌握一些与其想要进修的专业相关的技能与知识，于是当今的基础课程便成了为某一具体学科所开设的机械化的预备课程。比较典型的基础课程项目有艺术类（如素描、油画、摄影、版画、雕塑、纺织等）、视觉传播类（如广告、动画、电影电视、法医摄影、图像设计、插画等）和设计类（如陶艺、服装、玻璃、室内、珠宝、针织、戏装、银器、戏剧等）。

艺术评论家和艺术工作者们相信基础课程体系在帮助学生决定他们未来的兴趣和专业方面是非常有效的。此后他们又不断做出新的变革，基础课程的设立不只限于艺术和设计领域。从2008—2009学年开始，有超过20%的学生学习与艺术和设计相关的基础课程；有65%的学生在完成基础课程的学习以后选择继续学习；有47%的学生选择进行实践工作。研究者认为基础课程不仅帮助学生完成从中等教育到高等教育的过渡，同样也有效地辅助学生从课堂走入社会。基础课程项目极其繁多，根据苏珊·扬格在2012年《卫报》的一篇报告中的统计，在英格兰、威尔士和北爱尔兰地区有多达2922个不同的基础课程。《卫报》中的文章《基础课程着眼于未来》称，基础课程是那些计划在相应产业进行发展和深造的人的最佳选择。很多在基础课程任教的教师也在相应的领域工作，所以他们自身的实践经验可以帮助学生更好地了解他们即将接触的工作环境。教育顾问赞同这样的观点，他认为："基础课程让学生们在做决定之前提前感受他们将会面临的挑战和环境。你身边的同学可能已经有五六年的工作经验，与他们一起进行实践学习与讨论是一般学位课程无法给予的经验。"

随着艺术教育的发展，基础课程从它最开始推崇的"广泛式"教育体系转变为更加实用的教育体系。然而，基础课程本身具有偏重技能的特点，因此以其是否有足够全面而广泛的能力来决定未来艺术家的发展还很难下定论，同时也反映了对当今学生迫切想要学习"如何画画"胜于"如何思考"的担忧。

英国艺术教育的理念主要体现在三个方面：第一，促进人的和谐发展是艺术教育的宗旨。第二，创造力是艺术教育的重要目标。第三，艺术教育有利于培养学生的合作态度和团队精神，有利于培养学生的意志力和动手能力。教育界人士认为，艺术教育以潜移默化的方式感染人，对培养人的想象力和创造精神具有重要作用，对人的精神世界产生深刻而久远的影响，这是其他教育难以替代的。在艺术教育中，激励创新意识、培养创造能力比什么都重要。

我们应当鼓励学生创新，充分肯定学生富有创意的艺术构想和其艺术作品所表现出来的独特价值，让学生富有个性的才华得到发挥（幼稚的构思可能正是天才的表征）。

英国文化委员会从1999年开始投入7000万英镑启动一个"创造与合作工程"项目，该项目先后在英格兰的37个不同地区推进。该工程旨在通过综合艺术教育激发和培养学生的想象力、创造力，同时让教师在这个过程中也获得提高。该项目旨在帮助欠发达地区的学校寻找改革的机遇，促进教育公平发展。项目的主持者认为，艺术领域中没有一蹴而就的神话，不论是音乐还是美术，一种技艺的养成必须付出辛勤的劳动和汗水，这个过程本身就是训练意志力、提高动手能力的最好途径。学习的过程就是寻找解决问题的办法、培养合作能力和动手能力的过程。就艺术教育而言，它还是感悟、想象、获得灵感的过程，也是思考、发现、合作的过程。学生对于合作态度、协调能力能够获得感性的体验和有效的训练。艺术教育更应该重视过程，而不是结论。

英国的教育官员和学校校长都认为，艺术教育必须有必备的物质基础与和谐的环境。艺术的价值更多地表现为一种自我展示、自我欣赏和自我实现，是一种心灵的享受、情感的慰藉，是精神世界的自我观照。艺术也有竞争，但是艺术的竞争应更注重才华的展露，而不是功利的得失。艺术审美具有超功利的性质，所以，艺术教育应该为学生提供必要的物质条件，让艺术教育工作者和艺术教育的接受者能够在良好的条件和宽松的环境中满足审美的需要。

纵观英国艺术教育的模式和机制，其主要特点体现为：

（1）从国家政策引导上看，英国特别重视艺术教育的基础性和普及性，十分重视从小培养学生的艺术兴趣和爱好，初中以后则对艺术教育不再做统一要求，由学生根据自身发展的需要选择自己的爱好。在小学阶段和初中阶段普及艺术教育，让每个孩子从小培养对艺术的兴趣和爱好，养成欣赏艺术的习惯，具有初步的艺术审美修养，为以后的发展奠定基础。中学以后，则由学生根据自己的兴趣爱好自主选择发展方向。

（2）从艺术教育的管理模式看，采取因地制宜、因时制宜的措施。

（3）从师资力量上看，注重发挥学校和社会两支力量的整合作用。英国很多学校都聘请社会上的艺术家承担学校的艺术教育辅导工作，其中一些就是在校学生的家长。很多艺术家并不是为了获取这份报酬而到学校的，因为他们在辅导学生的过程中，可以有教学相长的收获，可以从孩子们那里获取丰富的创作灵感。

（4）从经费支持上看，除了政府投入经费，还有社会、企业、慈善机构等的支持。

（5）从组织活动来看，政府和学校举办定期或不定期的综合性艺术活动，为学生们提供了展示艺术才华的平台。

英国很重视职业化的艺术教育。据不完全统计，全英国有近200万人从事多媒体传播行业。英国爱丁堡龙比亚大学（Napier University）设立了多媒体传播系，该系针对市场需要，开设了平面设计（如绘画、摄影等）、音乐（如演奏、电子音乐、Media制作等）、语言交流与传播（如报纸、广告、电视等）专业。该系有1300名学生（包括研究生），其中有20%的学生来自英国以外的国家（无中国学生），学费为每年9000～10000英镑。该系毕业生被用人单位看好，就业率较高。

法国艺术教育发展历程及特别政策

　　法国的高等艺术教育发轫较早。1648年，法兰西艺术学院（也称"法兰西绘画雕塑院"）成立。它是世界著名的四大美术学院之一，徐悲鸿、林风眠、颜文梁、潘玉良、刘开渠、吴冠中等都毕业于这所高等学府。它自始至终支配着法国艺术教育的发展。

　　数百年来，法国作为欧洲乃至全世界重要的文化中心，一直引领着世界文化与艺术的发展。法国拥有丰富的文化艺术资源，且具有持续不断的艺术创造力，因而能把艺术与文化教育作为国民教育的重要组成部分。

　　以法国中小学艺术教育为例，第二次世界大战后，它主要经历了三个发展阶段：

　　第一阶段（1945—1968年）：第二次世界大战结束后，法国的艺术教育主要由文化部主导。法国首任文化部部长安德烈·马尔罗（曾是反法西斯英雄，具有传奇色彩），鼓励民众在生活中欣赏艺术作品，在中小学教育中拒绝任何教导性的艺术启蒙。所以，这一时期除了音乐和美术必修课之外，学校没有再为青少年开设任何艺术启蒙的系统课程。该政策持续了数十年，颇具浪漫主义色彩和主观主义，在一定程度上影响了青少年艺术教育的发展。

　　第二阶段（1969—1985年）：经过1968年这个历史转折点，法国文化部开始思考艺术教育在普通教育中的重要性。1969年，法国文化部制定了十年优先事项，每个大区都建立一所音乐学院、一个管弦乐队、一个音乐剧院和一个组织策划的服务机构，与国民教育部协作进行音乐教育改革。之后，法国文化部在中小学创建"灵活的课堂"。凡有天赋的孩子，父母可以提供经济支持的孩子，以及在音乐方面领先、无须只埋头普通教育的孩子，均可在接受普通国民教育的同时，在"灵活的课堂"享有类似国立音乐学院的学习机会。法国文化部提倡坚持艺术教育平台和创新教育发展，以平衡学生在智育、艺术、手工、体能和运动方面的需求。

第三阶段（1986年至今）：法国国民教育部和文化部开始深入合作，陆续推出艺术教育发展政策举措。例如，在高考中增设电影和戏剧部分，提供艺术教育学士学位，提倡在艺术表现、艺术史或创造性领域有专业能力者进行教师资格竞争，体育教育和农业教育亦纳入艺术教育范畴，在高中设立艺术史选修课，等等。

为确保学校的艺术教育，法国文化部和国民教育部于2005年合作建立了"艺术与文化教育高等委员会"，由两部部长担任主席，汇集教育专家、知名艺术家、媒体工作者和高级行政人员等共24位成员，打造跨界合作平台，形成各方面合作开展文化与艺术教育的机制。该委员会的作用在于思考、建议、监督法国文化与艺术教育的发展，并制订未来的发展方向和目标，至今一直在学校文化艺术教育领域发挥着重要作用。法国前总统奥朗德在执政期间明确提出文化教育是引导公众价值观的主要方式，希望通过增加对公众特别是青少年文化与艺术方面的知识传授和活动开展，增进民众的身份认同、社会认同和文化认同，从而让不同类型的公众特别是移民融入法国社会，解决频繁出现的恐怖袭击等问题。

在国家经济面临困难的情况下，法国政府对艺术与文化教育的专项经费投入却在逐年增长，预算额从2012年的3100万欧元增至2017年的6400万欧元，5年内增幅达108%，可见其在法国社会发展中的重要性。

2012年，法国新政府推出了一系列教育改革举措，该举措的重点之一就是继续强化中小学艺术与文化教育。2013年7月，法国议会通过了《重建共和国学校导向和纲要法》，《教育法典》中的"艺术教学"正式被"艺术与文化教育"所取代。

70多年来，法国中小学艺术教育历经多次调整，其关注点已经从简单的课堂教学扩展到学生的全面发展，其教育理念也从注重单一学科转变为注重多学科综合扩展。

法国中小学艺术教育以艺术教学为基础，贯穿学校教育的全部过程，它强调理论与实践紧密结合，具有广泛的社会参与度。相关统计显示，法国60%的音乐剧或戏剧观众是青少年，8~12岁儿童在博物馆参观者中的比例高达76%。中小学艺术教育的蓬勃发展充分体现了法国民众一直以来对艺术的尊重和崇尚。

法国中小学校园艺术教育主要包括以下三个部分：

（1）音乐艺术教育。法国音乐教学始于幼儿园，在小学和初中持续开展，高中阶段愿意继续学习的学生也可以获得学习机会。教学内容主要包括声乐与合唱艺术、管弦乐实践等。合唱可以锻炼学生的记忆能力，增强团队凝聚力，并促使学生了解音乐遗产。除课堂声乐教学外，音乐教学还强调歌唱实践活动，包括合唱团、管弦乐实践等。管弦乐实践将课程转变成乐团排练，通过集体排练促进学生乐器演奏水平的提升。

（2）视觉艺术教育。在初中开展初级视觉艺术教育，在高中开设"创造和艺术活动"选修课程并开展艺术专业教学。学校会根据自愿原则向学生提供大量课外活动，如艺术和文化项目班、艺术工作室、艺术家驻场等。通过参与文化活动，与艺术家及其作品面对面，学生能增强求知欲，丰富个人的文化艺术阅历。

（3）艺术史教育。面向中小学学生普及艺术史教育，能够使青少年通过发掘不同领域、时期和文明的艺术作品获得文化知识。不同科目的教师通常会围绕同一个方案开设多学科艺术课程，一般由历史、地理、美术和音乐教师担纲。

值得注意的是，法国中小学艺术教育注重的是对青少年的艺术启蒙，而非专业技能培养。民众对艺术的尊重、良好的社会环境、艺术教学与社会实践的结合，皆有助于提高青少年的艺术鉴赏能力，为激发其创作热情打下基础。

2016年，艺术与文化教育高等委员会在时任国民教育部部长的瓦洛·贝勒卡森和文化部部长的奥德丽·阿祖莱的见证下颁布了《艺术与文化教育宪章》，明确规定了法国开展文化艺术教育的十大基本原则：

（1）艺术与文化教育应该被所有人获取，特别是在从幼儿园到大学教育机构中学习的青少年。

（2）艺术与文化教育应该与接触艺术品、艺术家，参与艺术活动等相结合。

（3）艺术与文化教育关注本国文化，也需要关注其他国家的文化，学习并分享不同类型的文化遗产，确保学习内容的丰富性和多样性。

（4）艺术与文化教育有利于发展青少年的敏锐性、创造性和批判精神，有利于培养其公民人格。

（5）艺术与文化教育应考虑青少年的所有时间，包括其与家人和朋友在一起的时间。

（6）艺术与文化教育应该让青年更好地了解世界。

（7）艺术与文化教育应确保公平性，通过艺术与文化教育让青年与社会接触。

（8）艺术与文化教育应积极与不同的机构开展合作。

（9）艺术与文化教育的开展需要对参与教育的人员开展培训。

（10）艺术与文化教育应该定期进行评估和开展相关研究，确保其针对性，提升质量并鼓励创新。

2017年9月，国民教育部部长让·米歇尔·布朗盖和文化部部长弗朗索瓦尼森共同出席文化艺术高等教育委员会会议，重申马克龙总统将艺术与文化教育作为国家重点发展领域的观点：让100%的孩子接受三方面的艺术教育——了解艺术文化知识，接触艺术品和艺术家，参与艺术实践。

法国艺术与文化教育具有与别国不同的特点（这也成为其经验）就是历届总统都把文化与艺术教育视为国家的"优先工作"。艺术与文化教育在法国国民教育体系中占有至关重要的地位。艺术与文化是公民生活的基本需求。政府认为，艺术教育不仅有利于发展青少年的综合能力，还有利于其解决价值观、社会融合、种族与民族等问题，因而政府将艺术与文化教育作为发展教育和社会的基本问题。

法国强调艺术与文化教育的公平性，认为不应该让艺术与文化教育只是为社会中部分阶层孩子服务的"奢侈品"，而是应让所有孩子都能学习基础内容。家庭文化艺术教育的政策应该涉及所有的孩子，包括身体残疾、住院治疗的孩子以及家庭条件差的孩子。由于资源本身的平等性（如免费政策）并不能保证资源获取的平等性，法国更强调要保证100%的孩子能够平等地获得艺术与文化教育资源。因此，艺术与文化教育不仅要在学校范围内开展，校外同样也是重要场所。一方面，校外的公共文化机构拥有大量教育资源，青少年可以接受"直接的"艺术教育，而不是课堂内的"转述"，避免"不专业"的艺术教育带来的负面影响；另一方面，确保学校体系之外（如辍学）的青少年也能平等享有接受艺术与文化教育的权利。

法国前总统萨科齐就曾提出"通过艺术教育培养国家青年创新和创造能力"的理念，通过艺术与文化教育全面培养青年的能力及素养。法国开展艺术与文化教育的目的并不仅仅在于提升青少年的艺术素养，而在于通过艺术教育让学生感受美、挖掘美和创造美，培养学生的全面综合能力。通过文化艺术教育了解国家历史，增加对本国文化和遗产的认识，有利于青少年树立对本国文化的自信，建立其对身份、社会和文化的认同感。同时，通过了解国外的文化，开阔视野，可以增强学生获取知识的丰富性和多样性。

法国政府贯彻国民艺术教育还有一条重要经验，就是跨界合作，打造艺术与文化教育"一盘棋"。自20世纪70年代开始，法国国民教育部和文化部共同合作开展艺术与文化教育，保证了教育过程中可以有效调节和利用艺术及艺术家资源。跨部委的合作机制确保了教育机构与文化机构开展长期的协同工作，充分发挥了社会资源对学校艺术教育的持续推动作用。国家与地方的合作确保了全国范围内的青少年在教育资源方面的平等性，让无论生活在国家任何地区的孩子都能有机会平等地接受文化艺术教育。

法国是世界文化艺术界的风向标，其在建筑、时尚、设计、视觉与平面艺术、电影、动漫等各个艺术领域均保持着非凡的创造力。

下面这一组数据可以充分说明艺术在法国的重要地位。法国有超过45万人在从事纯艺术或艺术文化产业方面的工作，这足以证明法国艺术文化市场的繁荣程度。对于世界来说，那些五花八门的传统手工艺，也是法国贡献给人类的一笔非物质文化遗产。这个艺术文化产业共包括首饰、珠宝、金银器、钟表、木器艺术、平面艺术、舞台艺术等19个专业的217个职业〔如贵金属设计师、钻石设计师、金银器设计师、书法家、装饰画师、雕刻艺术家、装订工、艺术品修复师（画作、邮票、纸张）、装饰设计师、舞台服装技师、细木工、镶框工、篾匠、漆匠、弦乐器制造者〕，涵盖38000个工作室、10万余名手工艺者。正是他们在保护并延续令法国人引以为豪的悠久传统。这样丰厚的艺术文化资源对法国各类高校的艺术文化类教育至关重要。

现在中国有越来越多的高中毕业生会选择去法国接受艺术教育，我们艺术教育教师应该有所了解，以便给学生提供参考意见。

法国艺术教育历史悠久，18世纪末便出现了教授音乐、舞蹈、戏剧等古典艺术课程的公立院校。今天，无论是在巴黎，还是在外省其他城市，各类艺术学院可谓数不胜数，包括公立高等艺术学院（近60所）、隶属于工商会的艺术院校、私立艺术学院及公立大学（近50所）。国外留学生可以根据自己的需求和兴趣选择适合的院校、文凭及课程。希望从事某项艺术职业的学生，可以选择高等艺术学院、公立或私立应用艺术学院。希望成为艺术理论家、评论家、艺术市场经理人或博物馆馆长的学生，可以选择公立综合大学的相关课程。无论是高等艺术学院、高等应用艺术学院，还是综合大学，均为公立院校，可颁发国家文凭。而且法国已经采用欧盟统一的学分体系，因此文凭在欧洲国家均被承认。某些私立大学，包括隶属于工商会的院校，可颁发由法国国家职业资格委员会认证的职业资格证书，文凭是获得国际认可的。

法国高等应用艺术学院，提供某个特定艺术领域的专业课程，学制2~4年，授予国家文凭，学生毕业后可于设计行业就职，如媒体或多媒体图像设计、空间设计（室内设计、生活区域设计、舞台装置设计）、服装设计、环境设计、产品及服务设计（纺织品、首饰、图书、玻璃制品、陶瓷制品等）。隶属于法国文化与传播部的高等公立艺术学院有50余所，这些美术学院把当代艺术理论、创作、科研、实践完美地结合起来。这类院校提供高等教育两个阶段（学士和硕士）课程，学制3~5年，可颁发艺术、设计、传播专业的国家文凭。

在法国的公立院校中，有3所文化遗产学院，如卢浮宫艺术学院和古代文史档案学院等，它们可以提供高水平的课程。文化遗产行业也可招收有艺术史、文化产业经理人、文化遗产管理人、名胜古迹建筑师、修复师等专业背景的人才。

在法国，艺术教育按照培养范围分为两个大类：造型艺术（Arts Plastiques）和实用艺术（Arts Appliques）。造型艺术是指绘画、雕塑、美术理论和艺术史研究（参考里尔第三大学造型艺术课程设置）；实用艺术是指各种类型的艺术设计，如平面设计、产品设计、空间设计和服装设计等。

综合大学的艺术系和专门的艺术学院是有区别的。国立综合大学艺术系只开设音乐教育、艺术史、建筑史和造型艺术（纯艺术）等偏重理论研究的艺术课程，不开设平面设计、空间设计、服装设计等实用艺术课程。所以，一个准备学习平面设计的学生申请国立大学是不对路的。而油画、雕塑、平面或空间设计、景观设计、产品设计、音效等专业课程都是在专门的艺术学院开设的。

此外，法国的公立艺术学院和私立艺术学院也是有区别的。公立艺术学院分为公立美术学院和建筑学院。公立美术学院共有56所，分为国立、区立和市立三种（根据教育经费供应方区分，教育部拨款的属于国立），其中国立的占

10所。公立美术学院没有排名，只有建校时间长短的差别。无论是国立美术学院还是区立美术学院均可颁发DNAP/DNAT（等同于本科文凭，只是名称不同）和DNSEP（等同于硕士文凭，只是名称不同）这些国家文凭。本科段为3年制，硕士段为2年制。建筑学院在法国都是公立的，共有22所。私立的美术学院通常为艺术设计学院，学制有2年、3年、5年不等，教育水平参差不齐。教学特点以职业技能培养为主，实用性比较强。毕业生获得国家级证书，如BTS，或者校颁文凭；如果是获得法国教育部、文化部、劳工部认证的证书，其质量有保证，可以得到法国企业的承认。

公立的学院一般是免费教育，费用不高。不过，材料（如颜料、摄像器材等）费用还是需要学生自己负担，价格比国内要贵不少。私立学院都是收取学费的，低的约需3000欧元/年，贵的要8000欧元/年。家庭经济条件一般的学生在留学前要慎重考虑。服装学院在法国只有2所是公立的，其他都是私立学院。电影学院在法国99.9%都是私立的，如巴黎自由电影学院、Femis电影学院等，学制有2～5年不等，文凭为校颁级别。

第三辑
我国艺术教育发展史绩撷萃

3

一个不懂自己出生前的历史的人，永远是个孩子。

——古罗马执政官西塞罗

两千多年后，中国也有一个大历史学家说过类似的话。他认为不了解中国历史的人，不能算是中国人。他就是大历史学家钱穆。他的原话是："当相信任何一国之国民，尤其是自称知识在水平线以上之国民，对其本国以往历史，应该略有所知……否则最多只算一有知识的人，不算一有知识的国民。"

中国现当代艺术教育发展重要节点

翻阅近代教育史，巡视学校艺术教育的发端发现，在1918年，中国第一所国立美术学校——北京美术学校（国立北京艺术专科学校）创立了。这得益于蔡元培的大力倡导，也算是美术教育人才集聚到一定时机，水到渠成地为我国美术教育开了局。该校后来成为中央美术学院的重要组成部分。建校初设中国画科、西画科（内含油画课）和图案科（设计专业），延请庞薰琹、张光宇、叶浅予、张仃和周令钊等任教，师资实力雄厚。

1926年，留法8年的林风眠回国，任国立北京艺术专门学校校长。他怀着"实行整个的艺术行动，促进社会艺术发展"的志向，主管学校教学，主张教学要致力于"十字街头艺术"，鼓励学生走出校园，举办展览，唤醒民众，向社会推行美育。

1927年，林风眠任全国艺术教育委员会主任，发起"北京艺术大会"。会上有2000多件中西绘画作品混合展出，还有音乐演奏和艺专剧社演出。民众对"西化艺术"缺乏热情，这使林风眠很受挫，但他也认识到艺术必须接近民众才能真正得到发展。

1928年，林风眠辞职南下。蔡元培邀请他筹办杭州国立艺术院（中国美术学院的前身），并聘其为院长。他将"介绍西洋艺术、整理中国艺术、调和中西艺术、创造时代艺术"的办学理念付诸实施，培养出了赵无极、李可染、吴冠中、朱德群和木心等一大批才俊。

1938年，中国共产党在延安创立鲁迅艺术学院，简称"鲁艺"，这是中央美术学院的另一个前身。"鲁艺"的教育方针是培养抗战需要的大批艺术干部和新型艺术人才。力群、蔡若虹、马达、华君武、王朝闻、吴咸、华山、彦涵等任教，指导木刻和雕塑，还有战地写生。毛泽东《在延安文艺座谈会上的讲话》为"鲁艺"的艺术教育指明了方向。

1946年，徐悲鸿复办国立北京艺术专科学校，任校长，立志要实现"艺为人生"的现实主义美术教育理想，这也成为后来美院办学思想的核心。受徐悲鸿感召，齐白石、李可染、吴作人、董希文等到校任教，做出重大贡献。

中华人民共和国成立后，由徐悲鸿主持的国立北京艺术专科学校与从延安"鲁艺"发展而来的华北大学合并成中央美术学院，成为精英荟萃、大师云集的中国最高美术学府，在美术这一支，代表着中国的最高水准。由张仃和周令钊领衔的设计小组设计了中华人民共和国国徽和中国人民政治协商会议会徽。周令钊设计了中国新民主主义青年团团旗图案。周令钊和陈若菊共同绘制的巨幅毛主席画像，1949年10月1日开国大典时挂在天安门城楼。刘开渠、滑田友等人参与创作了人民英雄纪念碑的系列浮雕。

中华人民共和国成立初期，教育部在北京召开第一次全国中等教育会议，提出了普通中学的教育宗旨和目标——使青年一代"在智育、德育、体育、美育各方面获得全面发展"。1950年8月，教育部颁发了《中学暂行教学计划（草案）》，规定中学要开设音乐、美术课程。但总的来说，中华人民共和国成立初期的17年，我国的美育体系在还不齐备、尚未得到充分的发展之时，就被"文化大革命"破坏。粉碎"四人帮"后，特别是党的十一届三中全会以来，国家教育事业步入正轨，审美教育也开始复苏。国家《关于第七个五年计划的报告》中明确提出："各级各类学校都要认真贯彻执行德育、智育、体育、美育全面发展的方针。"重申美育是党的教育方针的一个重要组成部分，对推进美育的发展具有重大意义。

从20世纪80年代开始，国家对艺术教育越来越重视。国家教委于1986年设置了艺术教育司，成立了艺术教育委员会。1988年制定了《全国学校艺术教育总体规划》，于1989年11月正式颁布，这是我国第一个全国艺术教育的纲领性文件，对艺术教育的发展目标、主要任务、管理、教学、师资、教学设备与器材、科学研究等，都做了具体而明确的规定。各级各类学校在执行国家关于艺术教育的法规性文件方面，不断总结经验，让越来越多的孩子在小学、初中就接受良好且日趋系统的艺术教育。作为九年义务教育的重要内容，中小学的艺术教育通过努力实践，积累了自身发展的经验。2011年起，教育部开始委托中央美术学院等高校实施中小学美术教师国家级培养计划，对全国范围的骨干美术教师进行专业培训。2014年初，教育部发布《教育部关于推进学校艺术教育发展的若干意见》，提出2015年开始对中小学校和中等职业学校学生进行艺术素质测评，并将此作为学生中考和高考录取的参考依据。在2019年召开的全国教育大会上，习近平总书记强调要全面加强和改进学校美育，坚持以美育人、以文化人，提高学生审美和人文素养，为新时代审美教育指明了方向。

随着各文化艺术机构对艺术教育的持续关注，艺术教育也不断突破其狭义的概念，提升到"美育是直接关乎对人的审美、鉴赏能力的培养乃至'全人格'的培养"的高度，丰富了多元化的审美内涵，在人才培养、文化交流、社区建设等方面都呈现出崭新面貌，学校、家庭、社会和自我美育"四位一体"的自觉意识不断增强。随着小学、中学和大学艺术课程的衔接和体系的完善，越来越多的高中毕业生希望通过艺考进入高等艺术院校深造，进一步精进自己的艺术技能和才华。而各艺术类高校也奋力打造中国特色艺术教育体系，艺术教育师资队伍不断壮大，艺术专业门类日益繁多（理工科高校也纷纷开设艺术专业），社会机构创办的艺校和书画班也蓬勃兴起，形成了全民艺术教育的格局。在政策和市场的共同推动下，我国艺术教育发展迅速。数据显示，到2019年美育人数达到了60%。儿童艺术教育消费以45%的比例占据家庭教育消费的首位。近70%的家长认为，孩子在3～6岁时有必要开始接受艺术教育。

学校艺术教育是实施美育最主要的途径，它在培养德、智、体、美全面发展，具有创新精神、实践能力、健全人格和审美修养的合格公民方面有着其他学科无法替代的作用。在党和政府的关心、重视和广大美育工作者的积极努力下，艺术教育在学校教育中的地位越来越重要，教育体系也越来越完善，艺术教育理念越来越先进。在现代社会，艺术已经不仅仅是学校教育和考试科目，甚至已成为人们生活中不可缺少的一部分，渗透在生活的各个方面，绘画、唱歌、跳舞、戏曲等无一不在影响人们的生活。

得益于我国科学技术的腾飞，艺术教育的方式也越发彰显"科技"和"智能"。随着VR、AR技术的逐步普及，处在数字化时代的年轻人更习惯从互联网、虚拟社交平台等途径获取信息，这让"互联网+在线艺术教育"进入万千家庭。现代科技的快速迭代让艺术的创作观念、表现形式、理论阐释、欣赏和消费等都发生了重大乃至颠覆性的变化。

人们对文化艺术的需求越来越多样，艺术教育的独特价值也越来越突出，每一位艺术教育工作者肩负的责任也将越来越重大。只有关注艺术教育的前沿和日常，积极投身日新月异的艺术教育实践，为艺术学习者提供最优质的教育资源，打造新一代学习型艺术社交圈，切实推进全民艺术教育的发展和艺术素质的培养，才能为我国艺术教育贡献力量！

对国家艺术教育文件的学习与思考

下面，我把近5年来国家对艺术教育的政策文件择要加以梳理，以帮助读者了解国家对艺术教育的高度重视及对存在问题的针对性政策，同时也谈谈自己的学习体会和部分思考。

2014年，教育部发布《教育部关于推进学校艺术教育发展的若干意见》（教体艺1号文件），制定了促进学生素质教育的一系列保障政策，要求"将艺术课程纳入必修课范围（不低于总课时的9%）"，鼓励有条件的学校按总课时的11%开设艺术课程。初中阶段艺术课程课时不低于义务教育阶段艺术课程总课时的20%。普通高中按《普通高中课程方案（实验）》的规定，保证艺术类必修课程的6个学分。中等职业学校按照《中等职业学校公共艺术课程教学大纲》要求，将艺术课程纳入公共基础必修课，保证72学时。普通高校按照《全国普通高等学校公共艺术课程指导方案》要求，面向全体学生开设公共艺术课程，并纳入学分管理。有条件的学校要开设丰富的艺术选修课供学生选择性学习。鼓励各级各类学校开发具有民族、地域特色的地方艺术课程。文件还指出，要因地制宜地创新艺术教育教学方式，探索简便有效、富有特色、符合实际的艺术教育方法，建立以提高艺术教育教学质量为导向的教学管理制度和工作机制，切实提高艺术教育教学质量。

归纳这份文件的关键词是：抓住重点，统筹推进；严格计划，开齐开足；因地制宜，创新教学；加强管理，提高质量。

2015年可谓是全国中小学艺术素质教育元年。国家完成顶层设计，建构美育教育大框架。首先是国务院对全国美育工作制定了总体规划，要求自2015年起全面加强和改进学校美育工作。到2018年，取得突破性进展，美育资源逐步优化，管理机制进一步完善，各级各类学校开齐开足美育课程。到2020年，初步形成大、中、小、幼美育相互衔接、课堂教学和课外活动相互结合、普及教育与专业教育相互促进、学校美育和社会家庭美育相互联系的具有中国特色的现代化美育体系。为此，教育部先开展试点，同北京、上海、江苏、四川、福建等八省市签署了美育改革发展备忘录。

按照此项战略实施的"纵贯线"，应该是：

美育工作总体规划

↓

学校美育工作

↓

学校艺术教育

↓

中小学生艺术教育素质培养

↓

中小学生艺术素质测评

教体艺〔2015〕5号文件，是教育部关于印发《中小学生艺术素质测评办法》等三个文件的通知，综合素质的评价包括思想品德、学业水平、身心健康、艺术素养和社会实践五大项。其中，有关"艺术素养"测评内容的表述，重点是在音乐、美术、舞蹈、戏剧、戏曲、影视、书法等方面表现出来的兴趣特长、参加艺术活动的成果等。

由此可见，以往不被重视的艺术教育学科，终于在国家政策层面得到了肯定。艺术教育成为美育教育的重要组成部分。艺术素质测评成为此项工作的一个重要环节。力度可谓大矣。

值得注意的是，《中小学生艺术素质测评办法》《中小学校艺术教育工作自评办法》和《中小学校艺术教育发展年度报告办法》是操作性很强的"三合一"配套文件，不仅设有素质测评的实验区，还有从素质评价到学校自评和年度报告的制度设计，很规范、很严谨。《中小学生艺术素质测评办法》的第三条和第四条，分别阐明了一规、一观、一体系，即艺术教育规律、艺术教育质量观以及由基础指标、学业指标和发展指标构成的测评指标体系。教育质量观包含六个关注，即关注学生艺术课程学习水平，关注学生参与艺术实践活动的经历，关注学生的学习成果，关注学生的学习态度，关注对学生的基本要求，关注对学生的特长激励，很完整，很细致，很有逻辑性。不仅是规范，是指令，也是工作指南。艺术教育各学科教师对此必须认真学习和领会，使自己的教育教学工作认识正确、思路清晰、办法具体、措施得力、特色鲜明。六个关注不仅是指向学生的，也应该是指向教师的。譬如，"关注学生艺术课程学习水平"，也要反躬自问教师的教学水平如何（目前水平如何？计划提高到什么水平？需采取哪些得力措施？怎样从"教学相长"的角度来提高教的水平和学的水平？等等）。第一个"关注"，要着眼发展、促进发展、确保发展、不能虚言搪塞。第三个"关注"，指向学生的学习成果。同样，对教师教学的检验也要看成果，要拿得出实际成果，不能凭空虚拟。第二个"关注"，是关于学生参与艺术实践活动的经历，是同第四和第五个"关注"（学习态度和基本要求）联系在一起的，对走马观花式的所谓"参观"，"蜻蜓点水"式的所谓"参与"，突击充数及虚构填表，都要防止、甄别和剔除。因此，教师也要参与，要"沉下去"，有自己带领和指导学生参与艺术实践活动的切实经历。

通过学习文件，可以明确细则内涵，以免产生偏颇和误导。譬如，各个公办学校是学生素质测评的实体单位，不得将各类社会艺术水平考级证书或艺术竞赛获奖证书作为学生艺术素质测评的直接依据。任何证书对学生升学考试都不具有加分作用。来自社会第三方的测评只能是参考（第三方测评证书只可作为艺术特长生参加选拔时证明其艺术水平的材料之一），为正式测评提供评价服务。这些严格而细致的规定明确了主体责任，也堵住了用测评营利的商业机构的介入。

这里，需要对高考加分政策的规定及调整进行分析。多年来，人们对高考加分政策一直褒贬不一。为解决这一问题，2014年12月，教育部等部门发布了《关于进一步减少和规范高考加分项目和分值的意见》（教学〔2014〕17号文件），强调"促进素质教育，引导学生全面而有个性地发展"，明确规定从2015年1月1日起取消"五类高考加分项目"，即体育特长生、中学生学科奥林匹克竞赛获奖学生、科技类竞赛获奖学生、省级优秀学生、思想政治品德有突出事迹学生。后来又有新通知，规定艺术特长生可以享受加分政策。这种有放有收、有扬有抑的政策调整，在学生和家长那里也是褒贬不一的。贬的理由是，既然提倡"全面而有个性地发展"，为什么自己的孩子体育也好，品德也优，却得不到肯定，而一个笛子吹得好、舞跳得好的同班同学，体育和品德平平，却能加分，这是不是新的不公平？素养与素养之间，有等级差异和高低之分吗？

按政策说明，所谓艺术特长生，是指达到成绩要求且具备艺术特长但又报考了普通专业的学生（如有手工艺制作特长的学生，报考金融专业，属于"艺术特长生"，若报考工艺美术学院与传统手艺对口的专业，那只能是"艺术生"，而艺术生是不能享受加分政策的）。这么说，学生在高中阶段接受特长培养，将来在报考高校时，其"效用"还得两说：特长与专业一致，不得加分；只有不一致，才可加分。我们可以观察到由政策导向带来的考生思想、情绪的反应，加分与否，会直接导致功利实用，使学生产生患得患失的算计心理，不利于按天性和初心接受教育和自我教育。所以，高中学段的艺术教育，在起步和实施阶段就已经埋下了这些不利于良性互动的种子，而政策制定者则未必知晓。实践一段，再来调整，陡然增加了教育改革的成本。

在我国教育界，"文件"的颁布具有强大的指令和导向作用，文件的"追加"与"叠加"实施，尤其值得重视。

艺术教育是有许多层次、许多层级的；内容和形式的教育是比较为大多数人所注意、所愿意吸收的；各种艺术门类的演绎，诸多有意味的形式，又构成需要学习的内容。围绕"艺术教育"的大课题，我常常浮想联翩，有几个问题一直在脑海盘旋：

（1）当我们说艺术教育是通识教育的一部分时，有没有可能也建构"艺术通识教育课程"，搞一些课程实验、课程培训和课程推广活动？

（2）《普通高中艺术课程标准（2017年版）》强调艺术核心素养之重要，意味着还有艺术基本素养的培养任务，甚至还得加入科学素养的培养内容。它们都是必要的、相辅相成的。

（3）需要提炼"艺术教育价值观"，把它渗透于艺术教育的授受双方（传授艺术教育的教师和接受艺术教育的学生）的意识中。

（4）高中学段的艺术教育，有三种形态，除了学校本体层面的和学生自身层面的，还有社会和家庭层面的。

考量每个人的成长，可以看到具体文化塑造的力量和成效。凡学生个人都是在家庭中长大，通过学校教育，慢慢融入社会，受到各方面的艺术教育。艺术教育春风化雨般地使心灵之花得以绽放。

处于世俗社会，人的理智与情感多少会受物质与功利、欲望与利益的熏染和侵蚀。懂艺术又有人文情怀的，就会保持或激发高雅气质，使人有儒风雅行，谈吐有雅言。在古代文人中，自然沿袭着"志于道，据于德，依于仁，游于艺"（《论语·述而》）的文化传统。这方面也反映了艺术教育的社会性操作是有潜移默化的影响的。

我们若是一般性地提出艺术教育问题，并无助于解决好这一问题，甚至不能准确地解释好这一问题。若只是望文生义地读解，不肯下功夫去学习，在细节和各层相互关系方面加深理解，真正实施时还会依着旧有认知和"路径"行事。据调查了解，一般学校的艺术教育，通常是安排美术、音乐、舞蹈、手工艺等种类的艺术课程，加以若干形式的"包装"，在总课表里给予一定课时并划给相应的场所（通常并不多），配备一定数量的此类专业或有此方面特长的教师来授课；能正常开课了，再增加点图书、器具和设施，在校内搞些比赛，在校外组织参观；等等。如此就以为是在实行艺术教育了，其实不然。

这里举两位台湾文学艺术家的例子：著名文学家白先勇，在大陆力推青春版、校园版的《牡丹亭》，使昆曲这一古老的艺术形式在年轻人群体中得到热烈呼应，白先勇本人的艺术理想也得以实现。蒋勋的《红楼梦》欣赏演讲，在网络上推出"听书"节目，使中国文学的经典以媒体新形式得到老、中、青年爱好者的"拥趸"而有很好的传播效应。

在艺术教育的内容层面，细化开来，我们可以领略到艺术家反映社会、关心世界、观照人生、安顿自我的情怀和心理，即便是在艺术创作的技术和智慧方面，受众也可分享其处理各种素材的能力、拓展思维的能力、切换各种角度的能力，还有给艺术人文世界增添精品力作的奉献精神。凡此种种，都是艺术教育的精彩内容。

从傅雷的教育、翻译经历和珍贵的谈艺书简（他在上海美专任教，他译著数百万字的文学艺术名作，他写给傅聪的几百封家信，都是对艺术教育的躬行），我们可见到三种形态的传播影响（待后文在"艺术教育叙事举隅"部分专门述及）。

当人们称陈丹青为旅美画家时，他戏称自己是"盲流画家"。实际上，选择去美国，有他对艺术和艺术教育的"渴望"为驱动，那就是能亲眼看大师的油画原作。他的留美经历里，有很重要的三种因素起着"塑造"的作用：一是自己如饥似渴地主动加强艺术人文方面的学习；二是充分利用欧美国家艺术馆和博物馆独特的艺术资源；三是聆听木心的系统讲授（木心与几位有旅美经历的青年艺术家成为"忘年交"，为他们开小班课，讲独特而重要的艺术人文教育）。陈丹青回国后，供职清华美院任教授，直接参与美术教育的同时，还深刻反思了这种教育的利弊得失，以后又出版多种书籍，成为特立独行的社会文化批评家。他为自己敬重的恩师木心建起了"纪念馆"和"美术馆"，为传播木心精神不遗余力。

上文曾提到国家对全社会实施艺术教育的努力。展开来说，大剧院、艺术宫、现代化的智能图书馆与遍及城乡、惠及民生的社区文化馆等，都是这方面的成果。各省都有上星的"卫视"（有"艺术人文"频道），地铁候车区和机场航站楼，开设"艺术书店"的不在少数。老年大学里，学习书法、演唱和舞蹈的人数和热衷程度与日俱增，给孩子们开展艺术活动、提供艺术启蒙的设施也如雨后春笋般涌现。以上海为例，1958年，宋庆龄就在上海建立了中国福利会儿童艺术剧场，那是全国第一家专属儿童的剧场，笔者记得小时候在那里看过《马兰花》的儿童剧，那种欢快的场面至今还历历在目。当然，这个剧场后来也因为房屋老旧而"歇业"了，经过那里，我都在想它什么时候能够"梅开二度"。后来传出的好消息是，上海文艺界多名政协委员的提案得到政府部门的回复，政府决定在上海世博会园区建立世界少年儿童文化艺术馆。这是从上海建设国际文化大都市、普及少年儿童素质教育和促进少年儿童全面发展的角度和高度来提议和落实的。用政协委员们的话来说，孩子们的期盼就是我们的动力。我们就是要给他们提供一个欣赏艺术、开心欢乐的专门场所！此处多花笔墨说这个案例，我有我的考虑。在我看来，在儿童剧场看过各种演出的孩子，长大后就是我们高中学段的学生。艺术教育有良好的起步阶段，对后续教育来说是打好了基础。学生有了可持续发展的素质奠基，我和我的同行既方便，也有压力，因为学生的眼界早打开了，我们只有提供优质教育才能满足学生需要。

这个话题还不能"打住"，因为，由此产生的"逻辑延伸"，是处于高中时段的我们（教师）要为学生的进一步发展服务。各个层级的艺术教育是"接力棒"式传递的，我们的"下一棒""下一程"，是学生"大学梦"的圆梦地。对于毕业报考理工科大学的学生，许多人已经听懂了科学家和教育家发出的"艺术教育不可少"的理智之声；心仪艺术类院校的学生，有了今天良好的艺术教育，学生和家长的赞许式回应是"给力"！这就是给我们最大的奖赏了。

在实施与看待艺术教育时，要纠正一些认识偏颇。譬如，艺术教育是高中主课的点缀和调剂，或是修饰素质教育的机动项目，在学生学习之余开展些娱乐节目，让学生从满足个人兴趣角度出发参加课外小组，为校园增添些声色，为学生课余增加点乐趣，课时不足、场地受限或经费紧张就收缩。殊不知，艺术教育既不是为了学生的升学和就业，也不是为了让学生习得一技之长而获益，更不是为学校升级和扬名做铺垫。说到底，艺术教育是通识教育和素质教育的一部分，是为学生成人这个目标服务的。

学校可以通过教师的积极探索，用艺术教育课程的活力和魅力影响学生，但最终的目标达成，只有通过学生自己的努力来实现。《论语·雍也》说："己欲立而立人，己欲达而达人。"在"立人""达人"方面，学校、教师和学生应该是三位一体共同达标的。

深耕艺术、人文教育

艺术教育、人文素质教育以及通识教育这些概念词，我在工作中和会议场合常听人提起或论及。对这些概念，人们随意置换而不假思索。对此，我觉得有必要严谨对待之，认真探索其价值，特别是在全球高度重视艺术教育这样一个大环境下。我国教育部发布了《普通高中艺术课程标准（2017年版）》，我所在的田园高中也和许多中学一样，进入了新的教育阶段。因此，更应该从理念层面到实践环节，探索"创时代"艺术人文教育的特点，以知导行，坚持正确的教育发展理念，体现理性思考和模式探索的成果，使教学工作更上一层楼。

我们需要厘清通识教育、博雅教育、素质教育各自的概念以及它们同艺术教育的关系。

上述三个概念中，无需复杂的范畴考辨便能被人理解的是"素质教育"。因为这是我们国家适应教育变革、针对应试教育而提出来的，是本国教育文化语境的产物，从字面就可得知，素质教育是针对人的素质培养进行教育的类型。素质教育是国家的要求。它已经在我们现实的教育情境里成为人们熟知的观念表达和工作话语，也常被称为"文化素质教育"或"人文素质教育"，其概念本质不变。时任教育部副部长的周远清指出，文化素质教育要在必要的人文社会科学知识传授的基础上，使它内化为人的品格，提高人的格调、品位、修养，即人的文化素质。完成和实现了这种转化，才能达到素质教育的目的。推行对大学生的文化素质教育，包括文学、历史、哲学、艺术、科技、伦理学、心理学和创新教育等内容，目的是引导学生在学习、掌握人文知识中完成人文教化，将人文知识"体之行之"，转化为人文精神和人文素质。

"通识教育"是现代大学的理念，若只说是从西方引进的还太笼统，从词源及命名的变迁看，它实际经历了从Liberal Arts Education到General Education的过程。起初，Liberal Arts Education直译过来的原意是"自由民教育"。Liberal拉丁文的词根是Libera，意为"自由"；Arts是技艺的意思，两词合译"自由技艺"，指代中世纪的自由民要学习的语法、逻辑、修辞、算术、几何、天文和音乐七种技艺（就是我们此前讲过的"七艺"教育）。译界人士觉得，若将Liberal Arts Education直译为"自由技艺教育"，望文生义，这与我们理解的、需要的概念不搭。后来译作"通识教育"，基本得到认同和采用。但"通识教育"有时也会被人误读为"各类知识全面贯通的教育"，简称"通识"，这样理解也并不切合其本来的教育内涵。直至欧洲的自由教育传到美国，渐渐演变为通识教育。有史料披露，《耶鲁报告》发表后的第二年，即1829年，帕卡德在《北美评论》撰文把公共课教育称为General Education（译成"通识教育"，General取义是普遍、全面）。他的思想很明确，是要给青年一种"尽可能综合的教育"，为学生"进行任何专业学习的准备"。这样一种思想，再经百年发展、进化，到1928年，赫钦斯推行"芝加哥计划"，把古今人类智慧和文化经典作为"通识教育取之不尽的教材来源"，强调用通识教育培育"通才"。著名的《哈佛通识教育红皮书》于1950年面世。它在前四章分别论述了包括中学教育在内的美国教育史和通识教育的一般概念。在长达四页的《导言》中，阐明了"自由而文雅的传统之持续"是通识教育的核心问题，指出，如果教育系统中没有历史、没有艺术、没有文学、没有哲学，也就没有价值判断，无关于人的情感体验和实践经验，"这种教育目标毫无新颖之处"。（《哈佛通识教育红皮书》还阐述了艺术教育等方面，内容颇多，将在其他章节择要论述。）

有研究者说"通识教育"主要在美国，而"博雅教育"来自欧洲。其实，我们不难发现，作为哈佛大学核心的哈佛学院就是一所坚持标准博雅教育的"博雅学院"。美国高校学会董事会1998年的"博雅教育宣言"也论及"博雅教育"。我们用"成人"和"成才"来理解"博雅教育"的目标就很清晰了——将学生培养成人格健全、修养优雅、智力优越、富有责任感的公民，就是"成人教育"；培养适应某个领域的专门人才，就是"成才教育"。西学东渐，这样的教育理念也被我们所接受。香港岭南大学极为推崇这种"博雅教育"，将其解读为"学识要博，做人要雅"，将"最好的"本科培养模式作为办学追求。现在我们的书面和口语中也习惯了这一新的译名。解释"博雅教育"内涵时一定要注意它是包括通识教育和专业教育两部分的，前者"教人对任何事情都要懂一点"（博），后者教人"精通某一件事情"（专）。它旨在培养人格完整、通识各类知识、具有博雅精神和美好情感的现代公民。它是关心学生的健康成长，关注其人性、良知、文明和谐发展的优品教育。它是人文素养的整体建构和教化，是学生接受专业教育之前的养成教育和"全人教育"。总之，要博学，还要优雅，若忽视对学生健全人格的培育，仅是偏重专业技能训练，则不利于学生的全面塑造和持续发展。

中学没有专业，不搞专业教育，也不能把艺术教育搞成歌舞技能培训、课外文娱活动的简单模式。我校贯彻的是"美育引领创意发展"的理念，重视审美教育、艺术教育同各科教育的统合，为学生提供优质教育，以激发时代需要的创意和创新精神，促进学生成长、成熟和成才。我们要秉持这一新的理念，在艺术人文教育的田野上继续深耕。

我国当代艺术人文教育的路径探索

　　我国高等院校的人文教育始自1995年国家教委施行的"文化素质教育试点"，具有界碑意义。1999年，教育部在全国建立了32个"文化素质教育基地"，使本科教育体制向通识教育转型探索得到很大推动。在此背景下，各地高校厉行改革，多所标志性大学开展了富有创新价值的实践。例如，北京大学开设数学与自然科学、社会科学、哲学与心理学、历史学、语言文学与艺术等领域的系列课程，以此作为全校学生素质教育的通选课，并力求"精品化"；清华大学重点突出文化素质教育精品课程建设；以文史学科见长的山东大学，构建了主线明晰、内蕴丰富的新型大学公共课程体系。

　　2005年首届"中国文化论坛"上，百余名专家学者围绕"中国大学的人文教育"这一宏观题旨，纵论"人文教育在当代大学的地位""综合性大学的人文教育实验"，并探讨了"艺术院校与人文教育"的问题。理论透视与成功案例相互映发，凸显以下几个特点：一是关注"中国大学能否担纲中华民族的复兴，中国大学的人文教育能否唤起中国人的文化自觉"。二是认为如果大学第一学年就侧重专业教育，难以为大一、大二学生安排通识教育。三是指出部分高校在设置通识教育课程时扩大的通选课范围不适当，追求数量，满足兴趣，被部分学生用来"凑学分"。对此，需改变大学人文课"概论、原理加通史"的模式，切实指导学生研读古今中西原著经典（包括人文经典和现代社会科学经典），精心设计中国大学人文教育的必修课，作为本科人文教育的主干课程，并利用学分制着力建设通识教育"核心课程"。

　　2005年秋，教育部在清华大学召开全国高校开展文化素质教育十周年大会，上海交通大学开设"大学人文"课程，"为大学生精神上成人奠定根基"的经验得到传播。该课程从"人与自我"到"人与国家"，再到"人与世界"

三个维度的整体设计，显然不同于一般院校仅把文化素质教育当成唱歌、跳舞、摄影、插花的技艺传授，或是"文理相通"的知识教育。全国30所高校相关课程教师代表慕名前往上海交大观摩夏中义教授的"大学人文"课程。此后，广东汕头大学长江新闻与传播学院邀请夏教授师资团队为该院开课，标志着"大学人文"课程作为优质品牌被输出、传播。

我们田园高中是北京外国语大学的附属中学，2019年暑假，我校组织10多名外语教师专赴北外参加培训学习，实地领略了这所外语类高等学府的风貌，在提升外语教师素养和技能方面获得许多启示。我因为要写这本书，没能同行，便通过网络搜索和文本阅读收集北外的教学改革信息，得知：过去，外语人才主要是承担把世界介绍给中国这样的一个任务，但随着中国经济的快速发展，更好地把中国介绍给世界，把精彩的"中国故事"讲给世界听，就成为重要的任务。北外对深耕人文通识教育的认识上下保持一致，校领导和教师们将培养学生发达的心智、通融的见识和博雅的情怀作为拓宽建设一流本科教育的有效途径。北外开设了103门语种的课程，是国内外语大学之最。国家提出"一带一路"倡议，沿线国家和地区有65个，学校未雨绸缪地多开这些国家的语言课，而不是仅通过英语去转译。在一如既往地重视培养外语基本功的基础上，北外始终把人文通识教育作为培养本科人才的立足点。课程互选、学分互换、引进优质课程、完善双学位和双专业体制等一系列措施，都取得了良好的效果。"成长契约"是北外国际教育学院为有志在中学或大学出国留学的学生量身定制的培养方案，其目标是帮助学生在科学规划和十分给力的指导下，成长为全球优质教育所青睐的人才，实现与国际教育的无缝对接。"成长契约"从"语言素养、学科素养、人文素养"三方面（"人文素养"包含国际游学，体验东西方文化差异以及跨文化交流能力的培养）为学生规划可实施、可践行的发展路径（具体到各学期和关键节点），让家长全程无忧，让学生在专业规划师的指导和陪伴下，成功抵达理想的彼岸。

我们田园高中的艺术教育正在加深内涵、加快发展，这促使我对艺术院校的改革更为关注，并发现国内艺术院校的人文教育基础课程已进入改革实践期。例如，清华大学美术学院把文化素质教育核心课程划分为哲学与人生、历史与文化、语言与文学、艺术与审美、科技与社会、当代中国与世界、基础社会科学、数学与自然科学八大课组；北京电影学院基础部安排了马克思主义哲学原理、马列文论、马列原著选读、邓小平理论和"三个代表"重要思想概论、科学社会主义理论与实践、文化人类学导论、世界经济、政治与国际关系、艺术概论、名著赏析、中国诗学、大学语文、写作、外国文学名著阅读与分析、宗教与电影等社会科学类课程。

我校的合作单位，上海视觉艺术学院（Shanghai Institute of Visual Arts，SIVA）的办学理念和成功实践吸引我去实地调研，所见所闻激发了我的理性思考和价值选择。SIVA从"立校之本"的高度确定了人文教育的基本框架，通过"通识类课程+人文讲座"这两大板块，将人文素养教育纳入学校的教学体制和课程设置，由基础教育学院开设一系列文化和专业通识类课程供学生选修，并主持"云间讲坛"，建构历史与哲学、艺术与美学、人生与成长、时事与社会、民族与文化五大模块，对学生进行系统的人文教育，10年累计举办120多场讲座。同时学校还开展学术沙龙、文化考察等多种形式的人文教育活动，成为哺育莘莘学子的精神文化滋养，彰显学校人才培养模式的优质品牌。我与SIVA领导和师生多次接触，真切地感受到，他们把人文素质教育进一步深化为人文通识教育的历程，蕴含着"艺术人文教育观"的先进理念和"德艺双育"的宝贵经验。视觉艺术、文化产业教育的核心和根基是艺术人文素养，价值取向是技艺创新和精神成长的双向提升。这不只是感性和知性的简单复合，而是最终体现为思想文化品位和艺术审美素养的综合培育。田园高中已经睿智地引进了SIVA"德稻"大师教学团队驻校授课，设立了十个文创工作室，所以，其在这方面的理念和实践也已纳入我的访问和思考范围。目前国内艺术院校实施人文教育大都是通过开设一些政治、语文和文史哲方面的选修课，以及由团委、学生会组织开展校园文化活动来体现和落实。这一现行模式具有共性，有一些成效，但也确实存在着流于表面形式、课堂教学沉闷、课外活动随意等问题。而SIVA的做法是把艺术人文教育和文化创意产业教育融为一体，如将"云间讲坛"与"德稻"艺术大师讲座融合，由此探索艺术人文教育新路径，架构内容和形式的有机配伍，不断开发新的课程资源，对完善学生的知识结构起到重要的作用，同时积累了自己的教学和管理经验。

素质教育、人文教育是富有中国特色的教育价值取向，与之联系的有应试教育和就业导向。我们要摆脱应试教育的束缚，不应把"有一个好工作"（解决学生"饭碗"问题）作为目标。我们的理性思考要在"通识教育的必要与可能"以及"如何按需施教、务实致用"两方面展开。对于像SIVA这样的高等艺术教育改革的先行者来说，他们认定一个道理，就是不能把艺术教育仅仅作为专业教育（尤其是在艺术类院校），需有完整配套的人文教育，既不能把艺术教育等同于人文教育，也不能满足于人文类课程的一般性开设；在加强专业教育的同时，必须注意人文素质教育（通过课程和活动）的有效践行，使教育者和受教育者都觉得不可或缺。教育的发生，从表象上看是知识技能的传授，究其实质，是皈依于并体现为"人之所以为人"的终极目的。教育要把人生的意义、人的全面发展作为终极关怀目标。有这两方面的结合，才是真正涵养人的教育。朱青生在《艺术，让人成为人——人文学通识（第8版）》序言中说："人本来不是'人'，只有透过修养和教育，经由艺术和人文，方能成为真正的人。只是艺术到底使人往上，还是往下，这的确还是一个问题！"因为，确有艺术作品和艺术的从业者对着人性的弱点下手（因失却正确的文化引领，某些不健康的动漫作品和网络游戏诱惑青少年沉溺其中的例子不胜枚举）。该书在结束时尖锐地指出，如果把人文学的学习当作适应教育体制的一种技术手段，就会害上蒙田所说的"文瘟"，即被知识灼伤。这部书的要旨在于告诉学习者：人文学但凡有任何用处，就是"让你卸去知识的负担，让你在学习知识的过程中变成一个'活着的人'，让你成为你自己"。咀嚼这些话，能促使我们反思以往的教育。严格来说，我们的人文教育工作者在理解"什么是人文"以及"怎样践行人文教育"方面倾注的心力还是不够的。一流的大学，像哈佛大学，在构想通识教育总体方案、写就《哈佛通识教育红皮书》时，把中学的通识教育和社区的通识教育一并考虑在内，致力于以优秀文化培育人，提示专业院校把人文通识教育糅入专业培养之中，让"文"真正内化为"人"的"文"，使人成为"文"的"人"（哈佛称之为"有修养的人"）。基于这样透彻的认识，人文教育才能真正在艺术院校确立其应有的地位，发挥其必要的作用。

因为我校的艺术教育含量加重，新近又注入"文创"力的引领，所以，我们需要更加努力地学习和研究，以获得进取的动力和方向感。

我校有政治、语文、外语、数学、物理、化学和体育等一系列基础学科，所以我到SIVA访察时注意调研该校基础教育学院的改革经验（同我们田园高中共建"国学教育基地"，是基础教育学院重视中学教育、锐意深化改革的一种实践和体现）。该校的发展定位于"应用型本科"，现已跨入第15个年头。基础教育学院和其他8个专业学院密切配合，实施"中国审美"教育新攻略，取得了新的成果。这是他们根据"十三五"规划的部署，深耕人文教育，深度开发、利用校内和社会丰富的视觉艺术人文资源，加强艺术类高校对学生人文素质培育的内涵建设，在视觉艺术、设计美学、创意产业、公共基础课程改革、社会主义核心价值观教育、艺术人生引领和校园文化建设等方面，综合、有效地探索视觉艺术和文化产业新型人才的"优品育成"模式在认知、践行、内化、评价等环节加以健全、完善的丰硕成果。

在推进公共基础课程综合性改革方面，SIVA的基础教育学院在思政课教学方面取得突破性进展。专兼职教师凝心聚力，探索以艺术人文素养为指向的艺术类高校德育模式，课程教学采用"未来艺术家论坛"形式创造了师生互动、探讨政治理论的新课型，变原来枯燥的道德说教为学生主动求知、合作学习，使学生的精神境界在潜移默化中得到提高与升华，德育内涵得到深化。这是值得向往和追求的审美化德育模式，它以"中国梦—成才梦"激发学生求知欲，将时政教育、道德伦理、思想人文与美感素养相结合，使学生在思辨、论说和对审美活动的意义把握中自觉主动地接受教育，寓教于美，寓教于乐，潜移默化地获得情感认同，接受教育内容，达到教化目的。思政课教研室与"人文教育工作室"合作，把"未来艺术家论坛"开进学校"云间讲坛"，创造具有SIVA特色的"我是演说家"版，每班产生一名代表，在学校大礼堂举行"党建"主题演讲比赛，使论坛式的思政课教学给大学生留下深刻印象。他们总结这一教育活动模式，加以完善，使学生"对政治课真心喜欢，终身受益"。

3年前，基础教育学院把原语文教研室打造为"人文教育工作室"，统筹语文课程教学和人文素养讲座的开展以及艺术人文教育的理论研究。后来又将其改设为"艺术人文教研室"，并同SIVA文化艺术研究院合作，进一步整合艺术人文教育资源，深耕人文通识教育。他们还开设了"创意读写"新课程，为激发学生的创意思维和表达能力进行新的探索。语文、史论和政治学科的多位教师联袂编写《艺术人文教育概论》，探讨艺术院校实施艺术人文教育的理念和途径。他们还编写了《艺术英语》，进一步彰显该校艺术人文教育的学术特色和新异风景。

在显性课程群里，SIVA基础教育学院增加了传统文化的"原典学习"以及结合美术作品的"史论学习"内容。这一新课程的特色在于，前者把儒学的原点与当代人的精神生活贯通，后者把作品欣赏与了解美术史进程结合。他们请国内知名专家任驻校讲习教授，系统开课。跨出这一步，还有助于为国学和史论这两个学科找到学养深厚的教授来领衔学科建设，并带教中青年教师，既为学院解决了人文学科师资缺乏问题，又有助于师资队伍建设开拓新路。

　　以上，在历史背景和现实语境中梳理和"切换"了人文通识教育母题的若干层面，结合理论范畴和自身实践做了纵向和横向的观照，总结了几个模范院校尤其是SIVA的教改经验，明确了深化改革的路向，对提升我校人文通识教育的质量和水平十分有益。

第四辑

中国《普通高中艺术课程标准（2017年版）》通释

4

党的十八大明确提出"把立德树人作为教育的根本任务"，党的十九大进一步强调"要全面贯彻党的教育方针，落实立德树人根本任务，发展素质教育，推进教育公平，培养德、智、体、美全面发展的社会主义建设者和接班人"，这些要求必须全面落实到课程方案和课程标准之中。由教育部颁发的《普通高中艺术课程标准（2017年版）》（以下简称《艺术课程标准》），是依据国家关于高中课程改革的指导思想，以立德树人为宗旨，坚持以美育人，培养学生艺术学科核心素养而建构的艺术课程的实施指南。

课程标准精义总览

对于艺术课程的"性质",因艺术界和哲学界对艺术的定义有"多歧见""无定义",甚至"去定义"倾向,原本是难以确切表述的,但《艺术课程标准》知难而进,排除干扰,凝聚共识,仍做出明确界定。该核心语段的主要内容有三层:

一是揭示了艺术的本质内涵——艺术是人类运用特定媒介、形式和方法,将思想和情感表现为审美形象的创造性活动。

二是指明了艺术本源——艺术源于生活,是人与人、人与社会、人与自然相互作用的表现,是人类创造的文化结晶。

三是突出了艺术的作用——艺术能够引领社会风尚,激励人的精神,陶冶人的情操。

高中艺术课程旨在培养学生具有较高艺术素养,《艺术课程标准》明确规定其为高中学段的"必修课程",而且是"综合性课程"(包含音乐、舞蹈、美术、设计、戏剧、影视与数字媒体等艺术门类)。《艺术课程标准》还明确了高中艺术课程的目标:弘扬中国艺术精神,学习世界多元文化艺术,培养社会责任感,追求真、善、美的统一;以美育人,立德树人,培养德、智、体、美全面发展的社会主义建设者和接班人。

《艺术课程标准》确定了本课程的基本理念,文字表述非常简洁鲜明,除了规定要"实施审美教育,培育时代新人",还指示要培养学生"坚守中华文化立场,展现中华审美"的文化自觉和自信,为中华优秀文化艺术的创新性发展奠定基础。

《艺术课程标准》的一大突出亮点是基于艺术学科的本质属性,凝练出学科的核心素养,并围绕核心素养优化重点学习内容,依据普通高中课程方案中关于课程与学分的安排设置了"必修"和"选择性必修"两类课程。

必修课程是普通高中全体学生必须修习的课程，是学生加强艺术素养和能力发展的共同基础。课程关注艺术与自然和生活的联系，以及中国与世界文化艺术的多样性；注重学生科学探究与创造性思维能力的培养，延续义务教育阶段的课程设计思路，具体设置"艺术与生活""艺术与文化""艺术与科学"三大模块。

选择性必修课程是学生可以根据个人需求或升学考试需求选择修习的课程，具体设置了"美术创意实践""音乐情境表演""舞蹈创编与表演""戏剧创编与表演""影视与数字媒体艺术实践"等选择性必修模块，内容丰富，学生自主选择面宽。

《艺术课程标准》根据课程基本理念，强调课程实施的整体性和关联性。前者是指认识艺术的整体观，整合艺术信息和整体思维；后者是指各艺术门类的相关性及其与其他学科的有机联系。

《艺术课程标准》还要求能开展"情境化"教学，探索信息技术与艺术特色的"深度融合"；课程评价要"多样化"，能关注学习过程，关注学生的思维品质、健康的审美价值判断和可持续发展。

在细读《艺术课程标准》的"核心素养"时，我们可先参读《普通高中美术课程标准（2017年版）》和《普通高中音乐课程标准（2017年版）》，对这两部标准的"核心素养"进行比较解读，以加深认知。

《普通高中美术课程标准（2017年版）》把核心素养确定为五个方面：

（1）图像识读。图像识读是指对美术作品、图形、影像及其他视觉符号的观看、识别和解读。

（2）美术表现。美术表现是指运用传统与现代媒材、技术和美术语言创造视觉形象。

（3）审美判断。审美判断是指对美术作品和现实中的审美对象进行感知、评价、判断与表达。

（4）创意实践。创意实践是指在美术活动中形成创新意识，运用创意思维和创造方法。

（5）文化理解。文化理解是指从文化的角度观察和理解美术作品、美术现象和观念。

学习内容有七个模块——美术鉴赏、绘画、中国书画（由中国画、书法、篆刻整合而成）、雕塑、设计、工艺、现代媒体艺术（由电脑绘画/电脑设计、摄影/摄像整合而成）。

《普通高中音乐课程标准（2017年版）》把核心素养确定为三个方面：

（1）审美感知。审美感知是指对音乐艺术听觉特性、表现形式、表现要素、表现手段及独特美感的体验、感悟、理解和把握。

（2）艺术表现。艺术表现是指通过歌唱、演奏、综合艺术表演和音乐编创等活动，表达音乐艺术美感和情感内涵的实践能力。

（3）文化理解。文化理解是指通过音乐和艺术感知等途径，理解不同文化语境中音乐艺术的人文内涵。

《普遍高中音乐课程标准（2017年版）》把2008年版规定的"音乐鉴赏"模块，细分为音乐鉴赏、歌唱、演奏、音乐编创、音乐与舞蹈、音乐与戏剧六个模块，指定为必修课程；将合唱、合奏、舞蹈表演、戏剧表演、音乐基础理论、视唱练耳六个模块列为选择性必修课程。

我们可以看到，三个课标有共性的规定（如"文化理解"），也有贴近学科的特点（如美术学科的"图像识读"，音乐学科的"艺术表现"），音乐学科还能同舞蹈和戏剧建立关联。具体实施课程教学时，需要充分把握。

"核心素养" 要旨分说

　　《艺术课程标准》提出核心素养的培养，具体编制了"艺术感知""创意表达""审美情趣""文化理解"四个组成部分，这对艺术教育具有鲜明和确定的指导意义。过去说一件事重要或说一个目标重要，常常着眼于它的政治、经济或文化价值。现在，课程标准不仅可以告诉我们艺术教育的重要性——它是素质教育的一部分，还可以引导教师理解艺术教育本身的素养内涵。它直抵重点和核心，提出"核心素养"的概念范畴，类似过去联合国教科文组织对教育所提出的"关键能力"。核心素养，既然居"核心"地位，内容就不会多。同时也让我想到，既然是核心素养，那一定会有一般素养来烘托它、维护它，彼此构成重要的依存关系。就像我们国家提出社会主义核心价值观（富强、民主、文明、和谐、自由、平等、公正、法治、爱国、敬业、诚信、友善，24个字，12对范畴），它是相对于一般价值观（勤劳、勇敢、踏实、守纪、热情、团结、友爱、认真、谦虚、刻苦、奉献、尊重、宽容、感恩等好的品德）的"高位"概念，无一般，便无特殊。人若一味高调标榜自己的言行符合核心价值观的要求，却不能按一般价值观行事，那只能自贬其身、贻笑大方。人若只满足在一般价值观层面自修自保、待己待人，他是个好人，但与时代要求还有距离。人必须在认同社会主义核心价值观的时代氛围中继续提升自己，使自己更加进步和完善。

　　同理思维，我们确认了学习《艺术课程标准》的逻辑步骤。我们先看艺术的基本素养，即一般素养，然后再论述艺术核心素养的内涵和培养。

　　艺术的基本素养或谓一般素养有哪些呢？学习艺术的初期，就要注意培养下述素养（若是先天禀赋已具有，那就把它调动起来，"支持"自己学艺爱艺）：热爱观察，对新鲜事物敏感；形象感及记忆力强；善于联想，喜欢想入非非，放纵奇思异想；不愿受条条框框约束，喜欢提问和琢磨；愿意说话和与人交流；有生活情趣；热爱祖国文化；等等。这么一打量、一考量，如果一个孩子，具有这些基本素养，他（她）就不会平庸和迟钝，这些"好苗子"有继续开发的潜质，有向艺术核心素养提升的空间！我们可以试想，"热爱观察，对新鲜事物敏感"，不正是艺术核心素养里的第一条"艺术感知"的基础吗？"善于联想，喜欢想入非非，放纵奇思异想；不愿受条条框框约束，喜欢提问和琢磨"，不正是艺术核心素养的第二条"创意表达"的基础吗？有了第一步和第二步，拾级而上，获得进一步提升指日可待。

一、艺术感知

艺术感知是艺术家、艺术工作者和艺术学习者联通主客观世界的重要能力。

苏霍姆林斯基在《给教师的一百条建议》里有这样一段描述和议论："把他们（儿童）带到秋天的森林里去……他们惊奇、赞叹，把各种事物作为一个完整的统一体来感知。他们看到日出，也看到秋季树木的各种盛装的惊人美丽的色彩，又看到了神秘莫测的密林……当他们的注意力被一个事物或某一种现象吸引住的时候，那么对他们来说，全部的和谐都集中到这一个事物和现象上来了。例如，儿童注意到了结满琥珀色浆果的、带着银白色露珠的野蔷薇，于是……对他们来说，整个美的世界只存在于这一种自然界的造物中了。"苏霍姆林斯基认为："这是对于周围世界的艺术感知或称形象感知的最突出的特征……在他们的感知里似乎是以情绪因素占优势，即靠情感的认识多于靠理智的认识。"他提醒教师们注意："这一点是会对儿童在学习过程中的脑力劳动打下烙印的。"（他后面分析了另外一些孩子，对于"太阳降落时为什么变成红色？夜里躲到什么地方去了？为什么橡树的叶子久不变色，直到初冬还是绿的？"的好奇。他认为他们是对事物的因果联系感兴趣的逻辑思维型的孩子。我们也得注意对自己班上有这类个性特征的孩子的培养。"要教给孩子思考，发展他们的思维。"）

谁无感知力？感知力是与生俱来的，"天生我材必有用"，不用，即废。眼可感，耳可感，手可感，心可感。海伦·凯勒虽是盲人，却能凭手的触摸和鼻的嗅闻，感知自然的美。盲诗人荷马写史诗《奥德赛》和《伊利亚特》，阿炳演奏《二泉映月》，他们都把艺术感知发挥到极致。

《艺术课程标准》阐释核心素养的第一要素"艺术感知"时，它的第一段第一句，先把艺术感知视为教师指导学生开展"艺术学习与实践活动的基础"，这是在突出艺术素养"培元奠基"的重要性。接下来，对"艺术感知"内涵揭示的第一层次，《艺术课程标准》是这样表述的，"是学生对各艺术门类的艺术语言、艺术形象、思想情感的感受和认知"，这是从学生角度这么写、这么提的。《艺术课程标准》是给教师看的，是让教师学习领会和践行的，是让教师意识到面向浩瀚的艺术大海，要把学生的审美感官全都打开！虽然《艺术课程标准》没在此对教师提出要求，但我们要马上意识到，这是必需的，而且是先行的条件。也就是说，作为学生审美之旅的引路人，教师的审美视域先得（也更得）开阔，审美感官先得（也更得）开放；教师要"对各艺术门类的艺术语言、艺术形象、思想情感"具有敏锐的感受和深刻的认知，以此驱动教学共同体中的每一个人达致此目标。

叔本华说，"每个人都将自身所感知的范围当作世界的范围""围绕在他身边的这个世界只是作为表象而存在的"。他还说："一个人精神能力的范围尤其决定性地限定了他领略高级快乐的能力。"伟大思想家的这三段话，整合起来的意思是：周围世界的丰富表象是我们的感知对象，感知它们是一种精神能力，它能让我们领略高级快乐。

学生的艺术感知水平跟教师、艺术家的艺术感知水平当然不可同日而语。但这是成长型的素质，是值得重视的优质"胚胎"。我们要从艺术家的感知获得经验启示，培养我们自己和自己学生的艺术感知能力。当这种能力训练成类似本能时，就是素养的养成。

第二段的内容更丰富了，用两个"了解"，分别引出中国和世界两大块需要教师带领学生学习感知的重要内容。

1. 了解中国艺术的"天人合一""气韵生动"等特征

领会其意，中国艺术板块突出对自然的三个态度，以及"天人合一""气韵生动"两大意象特征（准确地说，不是"意象"，而应是"范畴"）。曾记否，前面我们讨论艺术的概念范畴时，引述过钱锺书先生《谈艺录》里的话："人事之法天，人定之胜天，人心之通天。"现根据《艺术课程标准》旨意，要尊重、顺应和保护自然，这符合现在的理念——那是体验了"天人关系"后的一次重大调节，也是回归。所以，我们是否不提"胜天"，而提"应天"？

　　"法天"，是对老子"人法地，地法天，天法道，道法自然"思想的提炼，是核心原质，必须坚持。"天、地、人"，是世界"三元素"的宏大组合。没有人的世界，蛮荒寂寞。有了人，人与天地和谐共生，方显融融。但人不知足，爱折腾，无限耗损自然的宝贵资源，就会毁损天地赐人之大爱，最后断送"天人合一"的美好缘分，受到天的惩罚。所以，保护自然是对人在尊重自然、顺应自然之后的要求，实际是保护人类家园，保护人与地球自然的良性互动关系。艺术要反映这方面的宏大主题，从过去到今天到未来，形成一大系列，完整反映"天人观"由古及今的历史演变，提高"天人和谐"意识的层次，其中包含着高层次的人的自觉和艺的自觉。

　　"气韵生动"是晋代美术理论家谢赫在他的《古画品录》里提出的"六法"的第一条。此前，顾恺之的"迁想妙得""以形写神"和"传神阿堵"之说，为其拈出"气韵生动"的范畴奠定了基础。"生动"易懂，"气韵"难解。"韵"和"气"不可望文生义，两词合称，更是神秘朦胧，只可意会，不可言传。因谢赫主要是针对当时的人物故事画和肖像画提出"气韵"的要求，所以，这个词的本义应该是指人物的精神气质。此后，这一画评术语不仅作为品评山水和花鸟画生动性的标准，而且"溢"出美术界，扩大到对诗歌、书法神韵的赏鉴。例如，张彦远提出"以气韵求其画，则形似在其间矣"；黄庭坚多次强调"凡书画当观韵"，都是把"气质"和"气韵"看成第一尺度。《艺术课程标准》在这里把"气韵生动"与"艺术感知"相联系，作为感知的对象，我们就要予以对接，看是否能进入状态。学艺术，接受艺术教育，我们理所当然地应该重视对各门类艺术品之"气韵"的感知，对林林总总、繁复多彩的生活现象有感知其本质特征的能力，去感知王羲之《兰亭序》满纸墨韵中的元气淋漓；去发现诗家喜欢"羚羊挂角，无迹可求"的神韵所在；陶醉于"空中之音""水中之月"的灵动流韵和"不著一字，尽得风流"的余韵余味。教师要选择最合适的作品，引导学生沉浸其中，感知"气韵生动"的自然美、生活美和艺术美！

　　《艺术课程标准》给我们一个又一个关键词，我们不要孤立起来看，结合起来往宽处想，往别人不一定能想的方位去延伸思考，或许就有新发现。说到这一层意思，是为了表明我对"艺术感知"的核心素养有新的感知！我想尝试，想说出我的直觉——应该把感知"天人合一"同"气韵生动"结合起来。

一部《周易》，"推天道以明人事"，教人仰观天道自然的运行规律，既明耕作渔猎之时序，又能遵社会人伦之礼制，最终得以成"大化"。日月星辰运转和四季时序轮回，彰显宇宙天地之大美，人类在这样一个天造地设的环境里与之和谐共生，就是"天人合一"所酿成的"气韵生动"。"天人合一"是同构和完美体现，"气韵生动"是内在机理和外在显现。庄子云："人之生，气之聚也。"老子说："天地不仁，以万物为刍狗。"其本义是说天地对万物平等相待无偏心，都将"生气贯注"，一视同仁。孔子认为"四时兴焉，万物生焉"的自然现象，是万物本能在生命圈里的自由律动。他连连感叹，更见其有大感悟而不言（"天何言哉？四时兴焉，万物生焉，天何言哉？"）。在这样的前提下，"气韵生动"的意义还可寻绎。这个范畴比"天人合一"大范畴级别低一些，但它是中国艺术的特征之一，不能忽视。念兹在兹，也有大意味在焉。人在宇宙天地间养浩然之气，天地有大美而不言。人师造化，受到天启，气韵充盈，就要用生动的艺术形式把意蕴表达出来。气韵生动的反面是枯寂、僵硬、萎靡、低劣，具有这样特征的所谓"艺术作品"不能生产出来。产此作品之所谓"艺术家"，亦无充盈的生命可言。

感知，有感才有知。感，是指"我"之感官与人、事、物的美相触、相遇有感应和感发。知，是指对蕴含其中的情思理趣的领会、认知和体验。感知，需要灵敏，需要经验，需要开放感官，去感受和认知诗、书、画、音、舞、影、视、戏剧、摄影和建筑等各艺术门类，用其独特的艺术语言、艺术形式塑造的艺术形象、表现的思想情感的美。视而不见，充耳不闻，扑鼻无嗅，触肤无觉，是人的感官麻痹和关闭，人与美脱离和绝缘，人的生活意义耗散和丧失。

2. 在生活、文化和科学情境中领会艺术

世界艺术是辽阔的海洋。世界各民族的艺术好比是各大洲星罗棋布的"岛屿"，彼此水天相连，"天光云影共徘徊"。各民族的艺术语言、艺术形式，异彩纷呈，学无止境，各美其美，美美与共。

黑格尔在《美学》第三卷诗论部分，谈到世界各民族的诗在内容和表现方式上各不相同，随时代的不同还会出现复杂的差别。接着，他话锋一转，说："但是作为共同因素而贯穿在这些差别之中的毕竟一方面有共同的人性，另一方面有艺术性，所以这民族和这一时代的诗对于其他民族和其他时代还是同样可理解、可欣赏的。"诚如黑格尔所提醒的：即便存在世界观和表现方式的隔阂，我们也不会完全陌生。要敏于吸收艺术和人类精神财富；按民族和时代的特点"理解观照的精神所创造的形象"，也不忽视诗人的"主体方面的个性"。真是惊讶，处于18世纪、19世纪之交的黑格尔就已经看到世界文学的共性和个性。我在重读《美学》时，即刻感到灵光乍现，觉知这与我们正在学习的课标之间有了一根"连线"。因为，课标的制定者和撰写者在"艺术感知"部分收尾时，特意提及"通过多种感官，感知各艺术门类的个性与共性要求，形成艺术通感，感受艺术形象，引发情感共鸣"。这里的"各艺术门类"当指中外各民族、各时代的各种艺术门类。后面所用关键词是"个性"和"共性"要求，以及"艺术通感"。我们可以扩大认知范围，做进一步的连贯诠释。

譬如歌德，他在跟爱克曼谈话时说他"喜欢环视四周的外国民族情况"。他预言"世界文学的时代已快来临了"。他是在看了一本中国的传奇小说《侠义风月传》后发这番感慨的（他若读到的是曹雪芹的《红楼梦》，那一定会更加赞叹）。他发现中国人在思想、行为和情感方面几乎是和德国人一样的。"许多典故都涉及道德和礼仪，没有强烈的情欲和飞腾动荡的诗兴，和自己写的小说有很多类似的地方。"歌德侃侃而谈，颇多观感和评价都应和着我们正在谈论的共性和个性问题。这和黑格尔说的"共同的人性"可互为印证。

在自然观和艺术观方面，我们参见中西方艺术家的思想和创作表达，是有同也有异的。希腊、罗马艺术家在神殿建筑和庙堂周围，用石雕和青铜塑造"大写的人"，展示人体的力与美；西方画家尤以文艺复兴"三杰"为最，他们把神话和宗教故事描绘在宫墙和教堂天穹，油彩斑斓，光影闪烁，焦点透视，场景宏伟，人像逼真，反映人与神和宗教的关系，表现人性的复杂、隐秘和人的觉醒。中国的山水画是与西方油画完全不一样的视觉表达。空灵的画面意境，"计白当黑"的水墨语言，散点透视的布局，重在以自然山水写照画家的"心中丘壑"。"目送归鸿，手挥五弦"，是超然玄远的意趣。"叹千岩万壑竞秀"，是与自然相亲相与。从画作到画评到人物品藻，都在阐释"天人合一""气韵生动"的艺术精神。

值得注意的是《艺术课程标准》提到要在"生活、文化和科学情境中"学习、感受和领略世界各民族的艺术美。这是一篇大文章的论题，此处限于篇幅不宜展开，只能略微点题。当今世界，已经进入互联网"云计算""大数据""万物互联"的新时代。科学技术迭代发展，科学实验和艺术创新并驾齐驱。量子力学、人工智能，不断涌现突破边界。科幻大片在视觉、听觉方面的升级表达，产生了颠覆性的解构和重构，有关乎历史记忆的复活，有折射人的文化境遇，有类似"未来简史"那样的"故事新编"。科学的影响力通过计算机技术对艺术的介入，使各类艺术的结合以及人与艺术的关系愈加炫目于人世间。大中学生作为第一代"网络原住民"，已经适应物质、精神享受的多样化、多元化和媒体化，对手机观影、听音乐、游戏、网红直播、抖音制作和微信传播的兴趣甚浓，技术娴熟，耗时耗资无限。出国留学，视同寻常；全球旅游，说走就走。不愿在平庸生活中苟且，喜爱奔赴"诗和远方"。总之，青年学生同世界的距离是越来越近了，接触世界各国、各民族艺术的机会也越来越多了。"不从我的世界路过，怎么建立我的世界观？"对这些态势，教师应该增加了解，深化理解。我们应该意识到，"当代生活、文化和科学情境"已经催生出我们身处其中的教育情境。对其感知，不能迟钝，就像对世界各国、各民族艺术、文化的感知一样，既是盛宴又是挑战。若能获得准确感知，会觉得精彩无比；反之，对各类艺术符号没有接触的经历和经验，便会感觉茫然、疏离或惊恐。引导不当，可能酿成学生的失误和自己的失职。

读《美学》第三卷的绪论，看到黑格尔说在作品"真正的生动性"里可以感觉到"秀美的气息"，朱光潜先生在这部分译文的后面还用到了"气韵生动"一词。我没学过德文，不然，一定会去推究译者是根据原著哪个词的语境译出中国古代这个画评术语的。

《艺术课程标准》最后是对"艺术通感"的解读。

"通感"的意思是按人的听觉、视觉、嗅觉和触觉等感官经验，在接受外界信息时，会发生互通和挪移，声音似乎会有形象，颜色似乎会有温度，冷暖似乎会有重量。响亮、冷清、热闹等词，透露了这方面的通感情境。也有人把它解释成人的知觉心理的"联觉"能力。

钱锺书《七缀集》里有篇《通感》，举了上百个例子来解说中外诗文里的"通感"表现。第一个例子，引的是宋祁《玉楼春》的名句"红杏枝头春意闹"，被清代李渔讥为"红杏'闹春'余实未之见也"。他怎不知，这正是诗文里的"通感"修辞法——"闹"字是把无声的物态说成有声的波动，仿佛在视觉里获得了听觉的感受。作者多了一种表达，读者也多了一种享受。

相传中国最早的山水画家宗炳喜欢对着自己画的满壁山水画抚琴自赏，好让丘壑、峰峦听其琴声，有"令众山皆响"的效果。把这则画坛轶事同日本学者金原省吾以"音"释"韵"的一段画论——"谢赫之韵，皆是音响的意味，是在画面所感到的音响"放在一起，似有相互映发之效。徐复观先生在《中国艺术精神》里对谢赫"气韵生动"的意蕴所指研究颇深，从用词缘起讲到历代嬗变，梳理得极为细致。但他并不认同金原氏的看法，直言"没有人能在绘画中真能感到音响的律动"。他也许不知宗炳的嗜好，但是否听说在俄国有位抽象派大画家康定斯基，能在画中"感到音响的律动"（自言仿佛"各种乐器浑然一体的喧嚣"）？康定斯基曾把自己早年描绘莫斯科暮色的那幅画比喻成"交响乐"。这是把绘画看成了"色彩的大合唱"（色彩似乎幻化成音符，故能听）。他听瓦格纳的歌剧，觉得那天籁般的旋律如同克里姆林宫四周飞动的线条和璀璨的色彩——这是把音符转成了华采。此例，正说明艺术家的通感能力是确实存在的，而且，使创作和欣赏变得奇幻有趣。

说到这里，我还想就"艺术通感"做一点延伸思考。因为，一个显而易见的现象是，艺术创作的形式和手法已从早先的"单一"演进为现在的"综合"，即音乐喷泉与交响诗的结合，舞蹈与雕塑和电影蒙太奇的结合。进入"沉浸式"游戏区，或坐在小剧场，或参与"博物馆奇妙夜"的现场演绎，戴上VR（Virtual Reality）眼镜，置身虚拟的环境，反而能在视、听、触觉方面感知模拟出来的"真实"。这些，都在调动和刺激观众多感官的联合运作，获得各种感觉的挪移和贯通体验，造成"交互式"艺术感知的统整化效果。

言犹未尽，止不住要再写一段话，作为"艺术感知"向"创意表达"的过渡，受动态创意生成的引领，感知和表达彼此可以构成互动关系。我设想把"艺术感知训练"同"创意表达训练"联系起来（这是艺术核心素养前两个重要组成部分），形成艺术核心素养课程中两个密切关联的"子课程"，专心致志地投入学练指导。

二、创意表达

这一单元的教和学要全神贯注，聚焦"创意"及其"表达"，即"创造性的艺术表现活动"。"创"，是独特而又活泼的灵魂，也有动感十足的驱动力。因"创"而生的"意"，是"创"的灵魂所附于的崭新实体，是期待着被表达的"有意味"的内容和形式。我们这个时代的特点就是"创"，这个时代是革故鼎新、创意迭出、澎湃有生机的"创时代"！创造、创新、创举、创意，这些与"创"有关的词，都是同前所未有的新事物、新作品、新构想、新概念、新设计、新举措和新攻略相联系的简洁话语。思想、行为和精神，展现的是人类的"发现之旅"，昭示的是社会的创生伟力。我们感受着创造的氛围，享受着有创意的生活，接受着"创造性文化"的洗礼。受此激励，也会因各种需要和可能，以各自的方式参与各类创新和创造活动。

有了上一节的铺垫，我们现在进行"创意表达"的学习，是顺理成章的。其实，在阐释"艺术感知"的内涵和功能时，我很想加入"感知创意"的内容引导，也就是要让学生在面对一件优秀作品时，能关注作家、艺术家是怎样创造的，它的最大、最新创意在哪里。

"感知创意"的学与练，要从"发现"开始。发现新颖，发现奇特，发现美！看米开朗基罗的《创世纪》，要能发现构图中耶和华伸向亚当的那只手，准确地说，是亚当与耶和华触手可及又未能触及的图像焦点！这里最耐看，最值得揣摩、深思和学习！

从观察开始，锻炼艺术直觉，捕捉外界事物的形式美（形体、色彩、比例、距离、明暗等），找到激动自己也有可能激动他人的美，迅速赋形，用最佳手段，把它创作、创造出来。为学生创设的"浸润式学习空间"，也是激发其艺术想象的空间，是刺激学生发现"艺术感知"的空间。它不一定是规整的物的堆砌，应该是自然状态的、原生态的，可能是不规整的、凌乱杂多的，就是要让学生从中发现有序和无序，琢磨如何运作，使其生成艺术创作所需要的格局（亲密接触，拓展遐想，聚焦观察，真相浮现，虚相祛蔽，变形处理，异同反转）。大胆跨界，从已知向未知游弋，选择自己喜欢的艺术形式（一种或多种，或"变种"），用足、用好能够利用的材料（或仿制品），出其不意地建构或解构，在作者认知与观众认知间形成互动冲击的张力，这些都是有益的。

艺术创新和创意表达，不能空谈，机会来临，重在践行。艺术创新之道，可以启发我们探索"创新性学习"，激活学习的创意。鉴于此，我们对《艺术课程标准》"创意表达"部分的学习和解读，也要有所创新。对有些创意，在概念诠释、举例分析、观点提炼等方面，不必那么拘谨、那么板正，而是可以形象、生动、艺术一点儿。可以把对"创意表达"的学习和解读设计成一次"发现之旅"。把《艺术课程标准》设计者、编写者所确定的几个重要范畴用关键词标示出来，视为我们必须游观的"景点"，也即"游心之所在"，用一条最经济、便捷的"旅游线路"把它们串联起来，有"游踪"，有"游兴"，也有"游趣"。

这部分第一段第一句先为"创意表达"下了一个极简定义——"创造性的艺术表现活动"。之后，体现为三个"力"，用三个关键词（想象力、表现力和创造力）表述。

接下来，第二段是把领略中外艺术的"创意表达"合写在一起的。我们可以发现其中的分别和联系（后详述）。

对于中国艺术，《艺术课程标准》指示要理解"虚实相生"的表现特征和"形神兼备"的意境美。意境，是中国艺术很重要的范畴。对这些重要的"景点"，我们不能一带而过，而要驻足游观，好好领略，重点是"探索传统艺术的创新"。

对于如何学习世界其他民族艺术的"创意表达"，《艺术课程标准》提得稍显笼统，只有一句话，即"借鉴艺术成果"，没有出现对世界其他民族的艺术如何做出创意表达的关键词。后面两小句，实际指明的是本单元的学习目的、作用和任务，是同传承中国艺术创新之道结合在一起来提的。落实到具体文字，我把它勾连起来，即可见其意——"通过本课程的学习""激发学生的想象力和创造力""进行有个性的艺术表现，并将创意表达能力运用到其他学科和生活领域"。所以，根据需要，我会择要论及，把自己对世界其他民族的艺术创新与创意表达的经验与成果一起结合着谈，以丰富本单元第二模块的学习内容。

以上这番梳理，既看了"旅游图"，了解了"节目单"的主要"景点"，又归纳出我对"创意表达"的创意表达，基本上理出了思路。

准备准备，打点行装，就可以出发了。Let's go!

戴上我们的VR设备，现在要去中外"艺术岛"。把现实变成虚拟，或把虚拟变成现实，本来就是我们展开艺术想象力所使然。

有了想象力，就可振翅飞。只要方向对，翱翔无限美。

前方第一岛，是"中国艺术岛"。学鲲鹏展翅，凌风高翔逍遥游。先俯瞰，再着陆，游心与观景，互相摩荡，大美矣！

说到鲲鹏逍遥游，立时想起庄子。他是中国由古及今无出其右的、最有想象力的大哲学家、大艺术家！我们以前读《逍遥游》篇，是否真正领会过写"鲲变鹏"（鱼变鸟）的庄子那无比奇异、极富气势的想象力？是否真正领会过他所创"虚实相生""形神兼备"的手法和意境？鲲鹏形体几千里长，垂翼如天云，击水三千里，乘风高飞九万里，这样的文字表现力和意象创造力，这样的精、气、神，可谓空前绝后！

这段有意为之的"题内话"，是想说中国艺术精神的缘起。庄子的文章虽不是纯文学作品，但开启了浪漫主义文学的想象力。连我也意想不到，我们师生竟能"坐"着"庄子号"大鹏，降落到"中国艺术岛"！

进入"中国艺术景区"的第一个"景点"，见石碑上有楷书四字"虚实相生"。里面是一大片湿地，芦苇摇曳、水鸟翔集、青竹翠影、曲径通幽、远山逶迤、白云缭绕。触景生情，自然引发遐思，你我是否会设想：陶渊明饮酒微醺，东篱采菊，悠悠然地，见南山日夕佳，飞鸟相与还。嵇康来这里，可以"目送归鸿，手挥五弦"。倪瓒来这里，会吟诗"兰生幽谷中，倒影还自照"。忽发奇想，希腊神话里那位水仙之神，若是来这里，适应了华夏文化的"太虚"意境，同样是临水自照，是否就不会惹发相思、憔悴而死？

异邦民族，文化基因不同，对意境的感发也会不同。以色列的尤瓦尔·赫拉利在《未来简史》里说："欧洲智人处理信息的方式不同于中国的智人。"这话是否切中腠理？加上丹纳《艺术哲学》以地缘、气候那套理由来解说，是否真能让人理解中西方两大"文化圈"个性表征的自然分野？以上是想说文化脉络有区分，东方此一脉，西方彼一脉，各有各源，各有所承。

想得太远，收拢回来，继续"虚实相生"的中国艺术范畴话题，探寻中国文化脉络，思索吾国文人（哲人、诗人、书画家和园林艺术家等）何以会执着于超脱实体，向往虚幻境界的建构和享受。还有，对"形神兼备"的意境追求和方法获取，不仅要采风，还得溯源。

对于艺术表现的形、神关系，传说中的人文始祖早就以对宇宙天地的观察和想象奠定了"元认知"和"元表达"的基础。我们在二神画像里看到伏羲执矩、女娲执规的图像，在《周髀算经》里也能读到："环矩以为圆，合矩以为方，方属地，圆属天，天圆地方。"两相匹配，可见中国先民"仰观垂象"表出"天圆地方"、大气流衍，是对天地形廓和元气的重大发现与表述。此后，历代画家通过绘画、画论方式探讨"形神兼备"问题，从前述"天地大美""浩然之气""气韵生动"等观念到荆浩所论"似者，得其形，遗其气。真者，气质俱盛。凡气传于华，遗于象，象之死也。"达到相当的高度。还可把顾恺之"以形写神"的经验同张彦远极力避免的"气韵不周，空陈形似"结合起来，在"形神兼备"上做得更到位。

诚如徐复观先生在《中国艺术精神》里所说的，中国历史上的大画家和大画论家，他们"所达到、所把握到的精神境界，常不期然而然的都是庄学、玄学的境界"。他说自己并没有按"预定的美学传统"去写这本书，而是探索着历史真相按事实的发生和发展去写，结果是自然而然地显现出这样一种真实的美学传统。刘勰在《文心雕龙》里说"庄老告退，而山水方滋"，我们不能误解成宋初山水诗是因庄子、老子退出文化圈而兴起的。其实，"老庄"的影响是一直存在的，此前的魏晋山水画、此后的山水诗都受到"老庄"虚、玄、静思想的滋养，所谓"玄之又玄，众妙之门"。画家和诗人，在自然与人的关系上，在人的内心与外在意象的关系上，都是这样摆布和处理的。从陶渊明的田园诗（采菊东篱下，悠然见南山），到柳宗元的如水墨画一样的诗境描写（千山鸟飞绝，万径人踪灭。孤舟蓑笠翁，独钓寒江雪），都有幽静、淡定和空灵之美氤氲在如诗如画的意境里面。说是具象，又觉得抽象；说是抽象，又明明有具象。只有透彻真知其底蕴者，方能摄取而表现之、观赏而体验之。例如，明代方以智在《通雅》里所说的："通观天地，天地一物也，推而至于不可知，转以可知者摄之，以费知隐，重玄一实，是物物神神之深几也。寂感之蕴，深究其所自来，是曰通几。"这样的感知和感悟，同看西方油画（哪怕是看达·芬奇的蒙娜丽莎的远山背景，或莫奈所画池塘睡莲）的感觉是绝对大异其趣的。宗白华说中国书法的妙境是通于绘画的，中国诗词文章和绘画的意境处理，也都是"空中点染，抟虚成实"。他引证此类艺术精神表现的滋养源泉，是用庄子"虚室生白"和"惟道集虚"八个字，这就说到了中国文化的一种思想本源。宗先生后来又引了"追光蹑影之笔，写通天尽人之怀"，宋先生说这两句话"表出中国艺术的最后理想和最高成就。唐、宋人诗词是这样，宋、元人的绘画也是这样"。这些文艺学家和美学家的深钻细研、爬梳剔抉，最后得出的结论是一样的，我们在对照学习中也能有此同感。

当然，对中国艺术的创意表达经验，也不能仅限"虚实相生"的意境和"形神兼备"的手法，中国文化中的艺术精神和艺术宝库还有许多值得发掘与借鉴的，它们都是创造性的智慧和经验性的意蕴表达——在各艺术门类里都有创生和师承。例如，绘画方面的山水写意里的"披麻皴"笔墨技法，古装方面的"锦缎珠钗菱花镜"精美设计，还有建筑方面的"榫卯斗拱歇山顶"结构造型，等等，都是典型的中国元素。如果有谁看过现在热映的一批中国动画片，会发现它们的舞美形塑都采用了这些国宝级的美丽元素。喜欢吾国书法、国画、古建筑、服饰、器物美学的年轻人越来越多了。据报道，2018年中国传媒大学动画专业学生的毕业设计短片《春困》，在片尾竟然列出了其曾经参考过的一大堆资料的名称，真让人要慨叹莘莘学子对祖国传统文化的热爱之情。细看后觉得，该生对课堂"春困"后的梦回古代，与君子相遇、历险、脱险再回课堂的情境描绘，是很有创意表达水平的。

我们还要前往世界艺术景区，观摩各民族艺术，学习其"创意表达"的经验，借鉴其艺术成果，为我们创造所用。在这一景区见到的景象十分突出。高高耸立着的青铜雕像，高贵而肃穆的身姿、表情，显示强力与健美的强健的肌肉造型特征，呈现给我们另一种"形神兼备"的西式表达。圆形的古代露天剧场虽已颓圮，似乎还在上演埃斯库罗斯创作的悲剧，或响起《荷马史诗》的朗诵声。还可见哥特式和罗马式的庙堂神殿、宗教建筑，里面是色彩斑斓的历史题材壁画和必须仰视的"创世纪"天穹画。"移雕刻入画面是西洋画的传统立场"（宗白华语）。米开朗基罗没有绘画的经验，但他敢于把雕刻形塑带上天幕来表现，使其成为万众仰视的杰作。拉斐尔的湿壁画，把耶稣及柏拉图等《圣经》和历史人物描绘得极其逼真。就透视方法而言，西方画家是"焦点透视"，中国画家是"散点透视"，各尽其妙。西方画家是用油画色彩在画布上层层覆盖；中国画家是用水墨在宣纸上任意渲染，能计白当黑，使墨分五彩，虚实调谐。西方没有专门的书法艺术；中国的书法如龙飞凤舞、铁划银钩，还能与篆印、诗词珠联璧合。西方有巨幅人物画，中国有长卷山水画。西方艺术的具象、华丽，东方艺术的抽象、轻盈、空灵，恰成对照，也可以说是各美其美，丰富着世界艺术之林。这些都是各国、各民族的艺术先驱在各自的文化土壤上播的种，在各自的文化环境中不懈创造而结的果。

有一年，我去新西兰旅游。在旅游大巴开往南岛的路上，我透过车窗看到沿途的翡翠湖几十公里，一直"跟"着我们。天上的云倒映水中，美不胜收！随着车一个转弯，湖离我们远去，但见天空出现了另外一幕，那是声势浩大的一片云海，尤其让我激动的是那片舒卷自如的云海，如同一幅幅大型的中国水墨画。天幕底色不是蔚蓝，而像是被淡墨润湿了涂抹过一般。那或翻滚或漂移的云团，不是那种流光溢彩地缭绕着的祥云，而是极像石涛描绘过的山峦，或徐悲鸿笔下的奔马，是中国水墨的"气韵生动"现实版地演绎在新西兰上空的"墨分五彩"，浓浓淡淡，美丽无比。我转移视线，追踪、捕捉、锁定、拍照，留下一连串美图，或是改换视频模式，用画外音，即兴说出当时最真切的观感。

我在此处诉说这一段"旅游花絮"，正是为了应验本章所说、所学的中外艺术的"创意表达"！中国水墨画，"画"在新西兰的天幕上，是自然美的挥洒，堪称天工造化！比在我们自己的疆域所见还要激动！因为有奔放的美感，是诗与画与音乐的珠联璧合！仿如"他乡遇故知"！倘若国外画家、摄影家在中国天空看到这幅美景，他们会生发何种感想呢？是会想到石涛邀请他观赏空中云图吧！

流连东西方旖旎的艺术景观，开阔了我们的审美视野。各民族古往今来的艺术创造成就了那么多宏伟巨作，壮美着世界艺术的宝库，也激发起我们的想象和创作激情。希望我们都能探索个性化的创意表达，并运用到各学科的学习领域和多姿多彩的生活场景中。现在欣赏到、吸收到的艺术美，会积淀为我们的审美素养，促使我们创造美的作品奉献给世界。

三、审美情趣

《艺术课程标准》对"审美情趣"的进一步诠释，体现为两个基本点：一是以"审美愉悦、高雅气质、人文情怀"这12个字为"标的"所概括的艺术涵养；二是对真、善、美的精神追求。

进入课程这一部分的学习，重点定位和价值期待有四个方面：一是让学生感受艺术魅力，激发审美兴趣与爱好，品味中国艺术的意蕴；二是让学生具有欣赏自然、生活和世界其他民族艺术美的情趣；三是让学生在生活中营造艺术氛围，养成高雅气质，具有人文情怀；四是把提高审美鉴别力同确立健康的审美价值观结合在一起讲，让学生能自觉抵制"三俗"（低俗、庸俗、媚俗）。

审美情趣，是艺术的核心素养之一。那么，分析"审美情趣"，它的核心又是什么呢？是审美情致和审美趣味。简言之，是属于审美范畴的情感和趣感。它是美感的表现形态，不是人们平时所说的普通情感和一般趣味。使自己的盎然情趣从日常生活层面溢向审美活动领域，或能把自己的审美情趣向生活层面投射，把爱生活同爱艺术两相结合，这是一个在两个方向之间互相往复的自然延伸过程。爱上艺术后，希望能与之不离不弃，直至年迈，依然挚爱，而且返璞归真犹如婴儿，那就到了人生境界的极致。

对"审美情趣"的教与学，要追求质量，应该避免一望便知的术语解读，不能满足于词汇意义的简单认知。要是能把观察和分析的视野拉开，我们就可以获得许多新的看法和说法。譬如，审美情趣在自然、艺术、社会和人生，在人与人、人对事、人对物、人对语言等诸多方面都值得观照和领略。我们也可以反省自己审美情趣的葆有度，考量自己是不是一个具有审美情趣的人。钱穆先生说："人生之所求，则主要在情趣上。必待于物质中发现了生命，生命中发现了心灵，在心灵之交互相通中，才发现有人生情趣。那是人生心世界中事，非物世界中事。"

审美情趣，不只带给我们"小趣味"和"小确幸"，还是鼓舞我们共度人生的一种力量。读杨绛的晚年著述，还有吴学昭的《听杨绛谈往事》，我感觉和体悟到审美情趣在一个知识型家庭洋溢！如杨绛所说的锺书、圆圆"我们仁"的亲情维系，在日常交往和学术交流方面都是很有情趣的。遭遇女儿和丈夫的相继离世，杨绛说自己"走到人生的边上"。她把悲哀深深埋在心底，以作家的想象和风趣的语言描述自己上天堂、三代亲人团聚的情景，如果"带着我十五六岁的形态面貌上天，爸爸妈妈当然喜欢，可是锺书、圆圆都不会认得我，都不肯认我。锺书绝不敢把这个清秀的小姑娘当作老伴，圆圆也只会把我看作她的孙女儿"。有评论称道"九十六岁的文字，竟具有初生婴儿的纯真与美丽"！想起尼采有句名言，放在此处正合适："就算人生是出悲剧，我们也要有声有色地演这出悲剧，不要失掉了悲剧的壮丽和快慰；就算人生是个梦，我们也要有滋有味地做这个梦，不要失掉了梦的情致和乐趣。"（是啊，即便人生如梦，也要梦得有情趣。人生有悲有喜，更要过得有滋有味。）也可用老子的话来为上述语境"点睛"。老子曾经说过"能婴儿乎？"（能有一颗婴儿之心吗？）一个伟大的母亲、作家、艺术家，最后就像是婴儿，看这世界的一切都那么新鲜，又都那么有趣。

审美情趣，也是我们衡量人的品位的一种尺度。

文史专家学者之所以把沈复、李渔、袁枚、张岱归为同一类人，是因为这几位对于自己的生活都怀有审美的情趣，都能把艺术化的生活细节有滋有味地记录下来，分别写成《浮生六记》《闲情偶寄》《随园笔记》和《夜航船》，并把自己体验过的生活和艺术情趣传递给人们。

譬如，张岱在《夜航船》这本书里，把自己爱鲜衣怒马、爱诗画酒茶、爱享受清欢、爱风景如画的闲情逸致表现得淋漓尽致、妙趣横生。

宋代大画家米芾，也有独特的"船"，那是有着另一种情调和风格的"书画船"。米芾得宋徽宗赏识，负责朝廷画品的收藏与鉴定，这很符合他的才艺性情，使其更能纵情释放自己的爱好，投心力于此等雅事。他别出心裁地让人建造了专门的"书画船"，逍遥畅游于江南水乡。他在船舱里放上自己喜欢的书画，就像设了一处流动的"名画展厅"，乘舟出行也能优哉游哉地观书赏画，或在船上与人洽谈藏画交易。来了兴致，他还能边观赏两岸秀丽景色，边挥笔作画——想象一下，眼见绿水倒映青山，鸥鸟在水面款款而飞，随即落笔描摹纸上，该是何等惬意！同样有随"书画船"出行之雅好的还有明代画家董其昌——坐着船，载着画，悠游在松江、太仓、苏州一带，结交画友，收罗佳作，进行交易。通过这些中国古代文人的雅致生活，我们可以从中窥见审美情趣的别样表现。

审美情趣是沉浸艺术（包括艺术教育领域）的活性载体。它会使朝气蓬勃的人更有活力。凡被烦恼世界搞得疲累、对寄情自然和艺术不再有兴致者，正需要审美情趣的熏陶和激发。人若是有情趣，向外发散的通道就会打开；否则，人的生机气息就会受到窒碍。而当人的审美情趣被焕发时，就会有语言表达或音乐创作的需要，不顺势而为，不让其勃郁而发，那类同另一种压抑。人际交往讲和谐、适配。有时，双方情趣所系不对味，比言行脱节不靠谱更让人反感。

我们也可把审美情趣视为通观艺术史的一个"窗口"。古代文人对自然、对山水有感情，会想到这些自然物也有如自己一样的情意。比较著名的例子是辛弃疾的"我见青山多妩媚，料青山、见我应如是"。在他之前，李白写过"相看两不厌，只有敬亭山"，与其情致同构。这种想法、说法和写法，确实是既有情又有趣的。

当然，畅想的思绪还可再往前追溯到王羲之的《兰亭序》，王羲之与友人举办"曲水流觞"的大雅诗会。那次盛况空前的雅集共有42人，现场成诗37首。时为东晋元和九年（353年）暮春之初，雅集地为会稽（绍兴）山阴的兰亭。说此雅集"盛况空前"，是因为它在规模、人员尤其是情趣、品位和文化影响方面，远超此前的石崇聚众豪饮、既奢又俗的"金谷诗会"（296年）和亡国心悲、沉痛潦倒的"新亭酒会"（317年）。"兰亭集会"上"群贤毕至，少长咸集"。这一天，"天朗气清，惠风和畅"。"虽无丝竹管弦之盛"，却因有"崇山峻岭，茂林修竹"，又有"清流激湍，映带左右"而激人之雅兴。颇有创意的是王羲之与友人们，采用了"曲水流觞"的方式，既可饮酒，又能赋诗，"一觞一咏，亦足以畅叙幽情"。"极视听之娱，信可乐也"。总之，到王羲之信笔写下序文，已经是对艺术化的文人生活做了概括和提炼，升华出高远的意境，令人顿感情趣横溢、气韵生动、气度高雅、心旷神怡，不只是"寄情山水"，而是可用孙绰"玄对山水"的话来理解、深化其层次了。在俯观仰察、游目骋怀之际，既洋溢着审美气息，又有一种玄远的意境，其宇宙观、人生观可谓独步，值得后人鉴识！

审美情趣，从源头上说既可以看成态度，又可以看成理想。我来讲一个从朋友那里听来的真实故事。故事主人公原先是个很有审美情趣的人，表现的方面有许多。这里只说一点，就是他喜欢收藏紫砂壶。他很懂收藏。慢慢地，收藏紫砂壶由业余爱好发展到熟谙紫砂艺术的鉴赏之道，达致"审美情趣"的高度了。他的书房里，"多宝阁"上放着各种款式的紫砂壶。只要喜欢就买来，他"不差钱"。他不是用它来泡茶喝，他说："光是当茶具，那是实用。我就放着，把玩，看看也舒服。"总之，算是收藏，也可算是投资。但是，后来，随着年龄大了，他发觉儿子对这些玩意儿不感兴趣，它们不能"传代"，他的情趣慢慢消退了。几年后，他也不再添置了，甚至不怎么把玩了。最后说要一件件卖了。他原来的那些嗜好、趣味、态度和理想，基本都没了。我认为这就是审美情趣的缺失和流失。

再讲个真人真事小片段。我去朋友家做客，女主人喜欢用手机拍照。她拍了许多日出日落的照片，都有水印标记着日期和时间。她把两座高楼间"衔"着一轮朝阳的照片给我看。还有好几张，显示太阳冉冉升起的过程，色彩和构图都很美。她说，"每一天都是新的""尤其是元旦的日出"。有一张拍摄下了太阳和月亮同框的景象（月亮还没落下，银白色的轮廓依然可见），边上是几只风筝，尾翼飘飘。朋友说可以起个标题叫"与日月共舞"。我觉得他们都是很有生活乐趣和审美情趣的人。

雨果曾经有言："凡人呼吸，艺术家吐纳。"创作是一种信息交换的自然吞吐，自由而自然地舒放，脱口而出，一挥而就。儿童，没有那么复杂的思维，唯有天性流露。作家陈村的女儿写作文，有一句"水很活泼"被老师改成"鱼很活泼"。如此一来，情趣意味也被改没了。有部电影《零零后》，生动地反映了一群孩子的成长历程。片中的5岁女孩柔柔站在山丘上，作诗："风景风景，新的风景，我要呼吸一下风景。"人们看到这一段，都惊讶于这个天真的孩子能顺口吟出这样朴素、这样美的诗句。摄影师能够抓拍到这样的画面，记录下这稍纵即逝的极有童趣的词句，也太有才了！

在某位作者的文章里看到一个词——"趣感"，词典里还没有载入，这里不妨拿来说一说。所谓"趣感"，可理解为美感的一种表现形式。当觉得书里、事里、话里有意趣、风趣、情趣、机趣和理趣时，人是有感的，谓之"趣感"。

一定的作品会成为在某个向度引领趣味的风向标，譬如刘慈欣的《三体》获得世界"雨果奖"；《流浪地球》培养了人们对科幻作品的阅读欣赏兴趣，人们除了追求真善美的古典意蕴，还有对奇异世界的憧憬。

至于情趣与物品的关系，可看叶茂中《冲突》一书所写的王石多年前修日产相机的事。我认为这是一个"人对物有感情"的故事。说的是王石把用了多年的一部日产相机弄坏了，由于国内没有元件可配，他托朋友带到日本去修理。朋友来电话说修理费贵，不如再买一部新相机。王石想都没想就同意了。不多时，朋友又来电话转告了一句修理师傅说的话："产品都是有生命的，尤其是和你多年相处的，如果再买一部就是另外一个生命了，而这个生命就不存在了。"朋友要他再考虑一下。王石很受触动，决定修旧而不买新。研究者认为这是感性系统支配了王石右脑的决策。由此例我想到，情趣诉诸人的感性直觉，属于情感系统的运作；而理智和逻辑，是理性系统主导。那么，我们的作家、艺术家，在作品中打"感情牌"，是固有性情本能必如此言、如此行，还是移用一种创作策略和手段呢？

"When they go low, we go high"（当别人往道德的低处走时，我们要继续向高处前行）。引这句国外政要的隽语，是想说，当你不愿向追慕功利的低处滑行时，可以用审美情趣来充实自己的胸臆和生活，它会引领着你往高处走。

就艺术教育课程所设定的四方面核心素养而言，审美情趣同艺术感知、创意表达和文化理解都有密切的关系。我发现，可以从审美情趣的角度切入，去看作品的层级。如果趣味不高，甚至是低级趣味，哪怕它再有"创新"，也不能在审美世界里成为优秀的样板。因为，有着高雅情趣、健康趣向的观众或读者，面对这样的"作品"，应该是反感的、抵制的，仅从文化理解的角度，也是不认同的。

四、文化理解

这部分，我们要来学习"文化理解"。

《艺术课程标准》对于"文化理解"的解释是这样说的："文化理解是从不同文化的角度认识艺术，体现在艺术鉴赏、文化认同和艺术精神的领悟等方面。"

《艺术课程标准》对"文化理解"这部分的学习提出的要求是：参与艺术鉴赏，理解艺术精神，在弘扬中华文化艺术优秀传统方面，要提升文化认知，增强中华民族的文化自觉和文化自信。在促进跨文化交流方面，要尊重世界文明多样性，分享世界各民族艺术，加深国际理解。

这两大段话，是学习"文化理解"的纲目。下面，我们逐层展开。

先说"文化"。"文化"现今已是个高频热词。各处都在谈文化、提倡文化，却容易把"文化"理解得散乱、驳杂，到最后都不清楚"文化"究竟是什么。所以，首先要解决一个基本的认识问题：什么是"文化"？

"文化"也是个大词，是最高范畴。艺术和教育相对于文化而言，是属于文化、被文化所包容的子项，是次级范畴。

关于"文化"的定义，能够整理出来的就有200多个。学术界公认的意见是采用英国人类学家泰勒所下的经典定义，他是对"文化"定义具有重大影响的第一人。泰勒在《原始文化·关于文化的科学》一章中说："文化或文明，就其广泛的民族学意义来讲，是一复合整体，包括知识、信仰、艺术、道德、法律、习俗以及作为一个社会成员的人所习得的其他一切能力和习惯。"有点长，不容易记。

有没有简洁一些的定义呢？这里提供两则，可参考。一是作家梁晓声在谈"文化"时说的四句话，常被人们所引述：植根于内心的修养，无须提醒的自觉，以约束为前提的自由，为别人着想的善良。二是文化学者余秋雨说的："文化"是"变成习惯的精神价值和生活方式"。短是短了，但也有偏失。他们对"文化"的解读主要偏重人的精神、道德和习惯，还不全面。

按文化哲学的尺度，可以把文化结构区分为物质文化、制度文化和精神文化三个层面。物质文化实际是指人在物质生产活动中所创造的全部物质产品，以及创造这些物品的手段、工艺、方法等。制度文化是人们为反映和确定一定社会关系并对这些关系进行整合和调控而建立的一整套规范体系。精神文化也称观念文化，是以心理、观念、理论形态存在的文化。它包括两部分：一是存于人心的文化心态、文化心理、文化观念、文化思想、文化信念等。二是已经理论化、对象化的思想理论体系，即客观化了的思想。

在较近的文化研究中，对文化的区分出现了高雅文化、精英文化、通俗文化、大众文化、流行文化、产业文化、商业文化等新概念，并且迅速拥有了大量的专家学者和论著。此外，在各个学科领域内都有相应的文化概念，如政治文化、经济文化、企业文化、行政文化、管理文化、法律文化、教育文化等。

"文化"定义所反映的文化与人类及社会的密切关联度，不仅揭示了文化与人类社会进程的关系，而且揭示了文化与人类社会整体的联系，这种联系涉及社会的各个层面和领域，同时，也揭示了文化对每一个人的个人权利、利益、自由、生存状况的关注。

当"文化"作为专门术语运用在考古领域时，指的是与某个历史时期相联系、与具体分布地点相依存的遗址、遗物的综合体，同样的工具、器物和同样的制造技术，即为同一类文化的表征，如仰韶文化、元谋文化、良渚文化、三星堆文化、广富林文化等。

具体到不同的语境，"文化"概念所指又有不同含义。

英语中的"culture"（文化）一词，源于拉丁语"cultura"，原意为耕作、栽培、养殖、培养、教育、发展、尊重。由此可见人类早期"文化"意识里，已有耕耘、培育与教化之意的融合。

中国传统思想话语并无culture的概念，"文化"一词是日译而来的。在汉语中，文化是"人文教化"的简称。"人"受"文"（包括语言、文字），教而化之。"教化"是重心所在，后来同教育发生联系。作为名词，"教化"是人群精神活动和物质活动的共同规范及体现。作为动词，"教化"是指共同规范产生、传承、传播及得到认同的过程和手段。

"文化"（拉丁语，cultura；英语，culture；德语，Kultur）也是指人类活动的模式以及人类掌握世界所采用的符号，包括文字、语言、音乐、文学、绘画、雕塑、戏剧、电影等，同具体形成文化的形态相关联，也同地域、民族、民俗相关联。

"文化"的概念有广义和狭义之分。广义的"文化"包括人类所创造的全部物质和精神财富，是世界各民族经年累月所取得的各种资源、成就的总汇。狭义的"文化"主要是对思想、语言和精神形态的概括反映，含哲学、历史、法律、文艺、科技、教育、语言、心理、宗教、伦理道德、社会习俗和思维方式等。有学者认为，与一定的意识形态相适应的社会组织结构、政体和典章制度也包括在内，统属非物质文化形态的精神文化形态。

由于一定社会条件下的物质和精神文化是互相关联的，因此，在具体进行精神文化研究和评价时，也不能脱离相应的物质文化，即物质文化和精神文化这两个基本层次是不可分割的。

有时，人们会把"文明"与"文化"这两个术语通用甚至混用。从内涵看，它们是既有联系又有区别的。如果说，文化是人类创造活动及其成果的复合体，那么，文明就是人类创造活动及其成果的进步程度与开化状态。恩格斯在《家庭、私有制和国家的起源》中将人类社会发展划分为蒙昧时代、野蛮时代和文明时代。前两个时代为"史前文化诸阶段"，说明那时虽有了文化，但还不是"文明的开始"。举例说，中华"仰韶文化"时期人类虽已能磨制石器工具，但还没有产生文字（文字的发明是人类进入文明时代的重要标志），所以，不能将"仰韶文化"称为"仰韶文明"。由上例分析，我们可确立这样一种认识：人类的文化发展只有走出蒙昧和野蛮，尤其是有了文字标志的进步和开化，才能算是拥有了文明。所以说，先有文化，然后才有文明。文化是"源"，文明是"流"。文明是文化发展的新阶段。

但进一步考察文明与文化的关系时，我们会发现问题并未就此终结。历史和现实反复昭示人们，文明产生后，愚昧并未绝种，它还会滋生出畸形物。"四大发明"无疑是中国古代文化的瑰宝，然而也确曾有舍弃其本质功能的"异物"出现：纸化作祭祀用的锡箔、冥币；字印为神符咒语；指南针用来看风水；火药被制成"高升"（炮仗），去敬神祐福。西方列强更是用罗盘导航，驾战船用火炮轰打华夏吾国。愚昧和野蛮就这样扼杀过文明。当今的电脑文化无疑是一种高科技的机器文明，但其中某些功能也被人用来测字算命、赌博行骗、传播污言秽语。所以说，"光大文明，驱除愚昧"还得在此消彼长中艰难地推动着文明的进程。衡量一个社会发展和进步的程度，还得有文化和文明两个"刻度"，重点看民族文化素质是提升还是跌落。

谈文化理解，并不只是单向度地对文化对象进行静态理解。它同人在多元的文化世界里的相互了解和理解有着密切的关系。我们通过艺术作品来谈文化理解，比较容易切入这一问题的"基本点"。有一件大型装置艺术作品，名为《巴别塔》，2001年在伦敦的美术馆展出。艺术家用数百个收音机分层叠放。底下是旧的、年代久远的大收音机，往上摞的是新的小收音机。收音机被调到不同的频道，发出的声音彼此错杂，噪声轰响。这样的艺术"语言"，相信大多数人都能看得懂。它确实也能唤起对《圣经》故事的联想，只要有阅读记忆的，都会想起《圣经·创世纪》的第十一章，讲述了一大群洪水幸存者的后代，他们用同一种语言讨论着要造一座"通天塔"。上帝得悉了他们的意图，就打乱了他们的语言。于是，这群人言语不通，互相之间变得无法理解。这就是著名的"巴别塔"事件，喻示了人类语言的多样性和沟通的困难。艺术家从《圣经》获得意象灵感，很有创意地用自己的特殊材料，创设了这件装置作品，对它进行鉴赏，不难理解其意——变乱语言，就彻底造成隔膜和不理解。我们理解了这"不理解"。对这样的艺术语言，不同民族的人都可以从不同的文化角度体验其意蕴，得出超越各民族语言文字差异的"共感"。

人类居住的这个星球无比广袤，虽有地域、民族、习俗和语言等的诸种不同，但依然挡不住彼此渴望沟通的心。多少世代以来，不同语种的互译，要解决的首先是语言交际的互相理解问题。"跨文化传播"于是成为实现全球大同梦想的桥梁。世界上第一本跨文化传播的理论著作，是1959年美国爱德华·霍尔的《无声的语言》。他在书中提出了"跨文化传播"的理论。在对外交流越来越频繁和广泛的当代，学习"跨文化"知识显得十分重要。拥有不同文化背景的人们，其信息、知识和情感需要通过互相传递、交流和理解才能够得到认同和沟通。

人是文化动物，会用自己熟悉的语言找朋友、找伙伴，还会用自己信奉的价值观来分析和判断对方的意图，乃至周围的一切。

所谓"跨文化"的定义是：对于与本民族文化有差异或冲突的文化现象、风俗、习惯等，要有正确的认识，并在此基础上能以包容的态度予以接受与适应。

学者们描述的"跨文化沟通的障碍"有三种：言语和非言语，信仰与行为，文化的多样性。思想家帕斯卡有一句名言："在比利牛斯山这边是真理的东西，在比利牛斯山那边就成了谬误。"

陌生，是跨文化交流的一个中心词，指的是人远走他乡，进入异邦，即另一个国度，遇到的都是"他者"（语言、个性、习俗迥异）。要留在异邦，谋生，求学，这就遭遇上了"陌生"的文化。如果不能实现跨文化交流，就严重影响生存。

1960年，美国人类学家奥伯格提出"文化休克"概念，是指人失去原来熟悉的社交符号而产生焦虑的心理。

例如：天圆地方，鸟巢，水立方。翻译要用海外读者乐于接受、易于理解的语言。

我们应该了解，人们感知世界的方式之所以不同，是与人们所处的文化环境有关的，是由文化基因和文化思维的不同造成的。学习理解对方的文化习性、人文规范和各个时期累积起来的文明成果，有助于拓宽自己文化认知的视野，丰富同他民族文化群体和个体进行文化接触和交流的经验，使自己和"他者"在文化上获得"共感"。

人们通常都是习惯在自己的文化语境里思考和理解的。提倡"跨文化理解"（Intercultural Understanding）的目的是创新文化思维，和不同"文化圈"的人士对话，能从这里"看过去"，又能从对方那里"看过来"，这样，空间就扩得开。能适应不同"文化圈"，也就扩大了广义上的"朋友圈"。

为了加深"文化理解"，我们需要多问几个（或多备几个）"是什么"和"怎么会"的问题。例如，外国人见北京奥运会有鸟巢和水立方，问接待人员"为什么选择这个造型"，我方翻译人员做一"方"一"圆"的手势，用"天圆地方"来解释。如果对方再深问一句："上海的博物馆也是圆和方的结合。你们中国人为什么喜欢'天圆地方'呢？"该怎么回答才能满足外国友人的求知欲望呢？其实，理解和不断地思考是相辅相成的。在追溯思想和艺术的认知本源时举一反三、上下求索，是很好的思想文化修养。"有朋自远方来，不亦乐乎？"要学会用海外朋友乐于接受、易于理解的语言来讲好中国故事、分享中国智慧，自己就要加强学习（包括向对方学习）。

"跨文化意识"实际已不仅局限在外语学习领域，它还支持文化交流和文化外交活动。随着"一带一路"倡议的实施，"跨文化"沟通、传播和理解会更需要、更重要。语言本身承载着文化，它也是日常交往和公务交际的工具。结合着文化认知、文化传播学语言，交际和交往会更有效。

有学者提出了"文化冰山"的概念，意思是文化有看得见的"冰山上部"和看不见的"冰山下部"。上面"看得见"的部分是语言、生活方式、行为举止和交际方式，下面"看不见"的部分是交际规则、思维方式、动机和价值观念。

有人分析跨文化沟通和交际的种种现象，归结出"适应"问题，把能否沟通简化成能否适应的问题。谁适应谁？怎样适应？我们到国外旅游，最好能懂那一国的语言。现在多数情况是导游带着我们跑，到处看景，告诉我们厕所在哪里，要不要交小费。我们没有学会沟通，所谓"适应"的问题是被掩盖了的。

这说明，即便是文化习惯上的小小不同，也会造成交际的误差。

我在德国考察，就餐时与德国朋友在同一桌，但由于语言差异，我们只能彼此笑笑，表示友好，其他就没话说。又一餐，坐我边上的是接待我们的德国青年，他会说汉语，我们交流就方便多了。他告诉我说曾经在广州交过女朋友，后来再去，找不到那个中国姑娘了，他自嘲地说"大概被她踹了"。记得当时我给他讲了唐诗故事，还展开桌上的大餐巾纸，摘了两句诗送给他（人面不知何处去，桃花依旧笑春风），他很喜欢，收藏了。

我说的这些个人经历、记忆中的轶事，渗透着的"文化理解"含义，都是自己悟来的，可以跟自己读过的书本道理构成"互文"，朴素而切己。

文化适应是跨文化传播现象，指"由个体所组成，且具有不同文化的两个群体之间，发生持续的、直接的文化接触，导致一方或双方原有的文化模式发生变化的现象"。新到一个文化环境，起初认为会被主流文化所同化，后来发现还有整合、分离和边缘化的可能。现在，有趣的是还发生了"随文化多样性而律动"。

再举一例。改编自迪士尼动画的真人版影片《花木兰》，把对国家忠、对父亲孝的花木兰形象变成了具有反叛意识的女性。花木兰的妆容是在眉心画上三片红色菱形，很像是"华为"的Logo。至于影片把花木兰的故乡"搬"到福建土楼，网上有评论说是老外觉得那儿的"土楼"建筑也是防御性的。他们未必不知中国历史学界对花木兰故乡究竟在哪里是有争议的，也不见得没考虑《木兰诗》里写了花木兰"朝辞爷娘去，暮宿黄河边"。影片之所以如此改，我认为是美方制作人觉得土楼文化深厚，建筑景观奇特，戏拍起来好看。落到文化传播的细节，这样理解和那样理解虽显得不同，但也增生了文化意味。若按学术视角的话来说，是他国认知与中国人的历史文化记忆发生了"错位"，那我要接着往下补一句："这是随文化多样性而带来的有趣律动！"美国人的大片是拍给中国人看的，他们会设法"取悦"中国观众。我们应该理解他们的"技"和"术"。

反转着想，我们的文化产品要走向世界，让西方观众懂、觉得有意思，也得用聪明的方式，学会用他们熟悉的语言来讲中国故事。西方观众觉得《甄嬛传》有看点，但里面的人物关系，任怎么解释他们也理解不了。他们能看懂香港和内地的功夫片，因为那里的动作基本能懂，没有"文化折扣"，只是拳术的功夫门派需要加点解释。

我校现在已成为北外附中。我们要向北外讨教外语教学的经验，也可从"文化理解"的角度进一步提高外语思维和"跨文化思维"的能力，让我们的学生在迎接外国友人来访，或走出国门求学、旅游、工作访问时，在观摩外国文艺作品时，能多些跨文化的国际意识。

培育文创素养　创造美好生活

5

　　文化是人类文明最璀璨的星，是引领社会进步的灯塔。文创则是文明的载体，是具象的文化，是发现美、创造美、传承美的过程。在我们生活中到处都有文创的影子。中国文创行业的发展需要所有的国人不忘初心，把握好时代的机遇，在风起云涌的国际舞台上把文创的"盘子"做大、做强、做出声响。学校是启迪学生心灵、开启学生智慧、引领学生成长的地方，在学生时代我们应播下文创的种子，赋予文创以灵魂，将灵感与记忆凝结成一系列包含文创元素的基因，根植于学生终身发展的进程中。

文创让生活更美好

　　"文创"是什么？当今社会为什么需要"文创"？学校"文创"特色建设的目的是什么？学校如何进行"文创"特色建设？这是建设文创特色高中必须回答的"四问"。

　　"文创"，顾名思义就是文化创意，也可以理解为文化创新。它是以文化为基础，运用美学规律，利用文化载体而构建的再造与创新的文化事业。

　　党的十九大提出了教育要立德树人，培养具有创新精神和实践能力的，德、智、体、美全面发展的社会主义建设者和接班人的教育方针。培养"全面发展的人"是教育的核心，学生核心素养体现在"文化基础、自主发展、社会参与"三个方面。"文创"中的"文"是人之为人的文化基础，"人文"是题中之意；"创"是创想、创意、创造，是学生自主发展的范畴；"文创"的目的是让社会生活更美好！这和学生核心素养培育的三个方面是一致的。通过"文创"特色建设，培养学生形成必备品格——具有让社会更美好的责任担当，使学生具有关键能力——自主发展的创意策划设计能力，使学生能为创造美好生活做准备。

　　党的十九大明确提出：我国要在21世纪中叶建成富强、民主、文明、和谐、美丽的社会主义现代化强国，新时代我国社会主要矛盾是人民日益增长的美好生活需要和不平衡、不充分发展之间的矛盾。其中，"美丽"和"美好生活"，都是以"美"为核心的目标，内含美学精神。"文创"是形式，其背后的支撑理念是"美学"，是对人"审美情趣"的要求。"文创"特色建设的目的是让人感受美、理解美、创造美、分享美，是为了生活更美好！具体到学生、学校、社会，就是让学生学会学习，健康成长，创造和享受美好生活！让学校各美其美，美美与共！让社会富强、民主、文明、和谐、美丽，实现人民生活美好、幸福的目标！

于是，"文创"可以归结为让生活更美好！这是顺应时代发展的前进方向，是中国可持续发展的必然要求，是人们对美好生活的向往和创造美好生活方式。选择"文创"作为办学特色，是为给学校建设装上"动力引擎"，与时代要求合拍，同频共振，故有其时代性与适切性！

文创特色创建背景

上海市田园高级中学（以下简称田园高中）创建于2003年。2004年学校党政领导班子提出"美育引领、和谐发展"的办学理念，以"求真、向善、爱美"为校训，以"成就学生、为民教子、为国育才、造福社会"为办学追求。

2005年5月，学校被中国陶行知研究会正式命名为"全国陶行知教育思想实验学校"。"学陶师陶"在田园中学蔚然成风。"知—行—知"的陶风，已融入我校的校风建设。知，即知"美育引领"之重要；行，即要行"美育引领、创意发展"之路。

学校定制了陶行知和蔡元培两座雕像，他们是中国教育界的伟人和楷模。在我们遵循党和国家确立的教育方针、向美好未来前行的路上，他们是最好的引领者。学校积16年砥砺奋进之经验，思想明朗且卓有成效。

2010年学校成功创建成为"环境美、校风好、特色明、质量高"的区实验性、示范性高中。行进至2015年，根据我国教育文化和文化创意产业发展的需要，学校与时俱进地把办学理念确定为"美育引领、创意发展"，这是思想观念刷新、目标定位调整"知行合一"观的新体现。从此，田园高中继往开来，进入了新的发展阶段。

"以美育人"是正确的方针。要办好一所学校，光喊"德育至上"而弱化美育、德育的作用反而得不到发挥，其与智育、体育和劳动教育的联结也会松散。而单靠"美育"布张，就会失去与德、智、体诸育的联系，同样不能发挥综合育人作用。而美育的"黏合性"最强，若将其与德、智、体诸育融合，就能获得和谐发展的良效，把党和国家为我们制定的教育方针落到实处。美育是"导航灯"，"和谐发展"是目标。美育的"引领"作用体现在它是构筑和谐学校文化的突破口和着力点，能切实带动学生的德、智、体、劳等全面发展。这是学校课题"美育引领，构筑和谐学校文化的实践研究"（被列入国家"十一五"教育科学规划项目教育部规划课题）最后得出的结论，凝聚了学校领导和全校师生的共识。

回望过去，从2004年提出"美育引领、和谐发展"的办学理念，到2015年调整为"美育引领、创意发展"的特色办学理念，学校坚持"美育引领"思想理念不动摇，与时俱进地把"创意发展"列入特色办学理念。这里正是突出了"和谐"力量的辐射作用，是和谐学校的文化吸纳，包孕了"创新和创意"，构筑起符合新时代特征的教育文化，继而书写大发展的美好篇章，这是学校办学理念本身"生生不息"并获得发展的象征，是"和谐"的文化动态发展所使然。

一、选择文创特色建设符合时代主题

我们进入了一个崭新的时代。为了中华民族的伟大复兴，为了国家的富强和人民的幸福，青年要为投身社会主义建设做好准备。为早日实现"中国梦"，我们要接受时代洗礼，为自己赋能，锻炼才能，学习中外优秀文化，在文化上吸取智慧、激发创意、得到成长，同新时代一起前进。

在审时度势地选择和确立学校发展的目标和战略时，为什么会选择把"创建文创特色高中"写在自己的旗帜上呢？这是因为，我们已经进入教育文化创新的时代，这使文化创意产业获得蓬勃发展的机遇。"文创"成为一种文化。"创新文化"春风化雨，吹拂校园。处于这样一个新时代，学校的理念调整正是顺应时代发展新挑战而制定新的发展战略。选择"文创"特色建设的道路，符合时代主题，是社会发展、学校发展和青年发展的需要。

1. 新时代社会发展的需要

文化创意产业理念认为，创意来自人的头脑，它会衍生出无穷的新产品、新服务、新市场、新的就业机会和新的社会财富，它是经济和社会发展的重要推动力。2017年4月27日，联合国大会通过并设立了"世界创意和创新日"。

我国从"十一五"规划开始就明确提出了将文化创意产业作为新兴服务业着力发展。国务院总理李克强2014年9月在夏季达沃斯论坛上公开发出"大众创业、万众创新"的号召。2016年，上海市文化创意产业推进领导小组发布《上海市文化创意产业发展三年行动计划（2016—2018年）》，文化创意产业成为上海市经济发展的支柱型产业之一。2017年12月14日中共上海市委、上海市人民政府印发了《关于加快本市文化创意产业创新发展的若干意见》（文创50条），将文创产业进行跨界融合，要求上海教育界主动融入国家发展战略和上海重大实践，准确把握文创产业发展的正确方向，培养创新型文化产业人才。

2. 新时代学生发展的需要

新时代的学生处在以数字化、网络化、智能化为特征的信息化时代，好奇心强，求知欲旺，富有个性，敢于创想，勇于实践。我校根据国家教育方针要求，从实际需要出发，于2014年开始设计了"美育创意"双系列特色课程，着力培育学生的"美育、创意"素养。学校将基础型、拓展型、研究型课程相互整合，构建"金字塔"形培育模式，遵循教育规律，尊重学生个体差异、个体发展的需要和学习选择的权利，以"每位学生天生有才，每位学生各有精彩"的学生观，以美育为"底色"，创意为"特色"，化育青年健康成长为"本色"，全力满足学生个性潜能的发展需求，使学生成为德、智、体、美等全面发展，富有创新精神、实践能力和文创特色素养的新时代高中生。

3. 学校传统特色优势融合新发展的需要

学校2004年提出了"美育引领、和谐发展"的特色办学理念，以"美"作为学校育人的特色元素，以"求真、向善、爱美"为校训，注重学生"审美素养"的培育，提出"以美辅德、以美益智、以美健体、以美促劳、以美创新"，贯串在创建"区实验性、示范性优质高中"的过程中。2009年学校特色发展核心课题"美育引领，构筑和谐发展学校文化的实践研究"被确立为教育部全国教育科学"十一五"规划课题，学校被教育部中央教科所列为"全国306所特色高中建设项目学校"之一。

2015年是我校确立"文创特色"的元年。学校成为闵行区特色高中，调整原八个字的理念，确立了以"美育引领、创意发展"为新理念，提出建设"文创特色"高中的办学目标，努力"为每个学生提供适合的教育"，注重培育"审美素养"和"创新素养"，体现《上海市中长期教育改革和发展规划纲要》的精神。10月，上海市教委和上海戏剧学院一起在田园中学挂牌"综合艺术教育教学研究基地"，学校开始与上海戏剧学院合作，共同探索研究综合艺术教育。

2016年，学校以"美育引领、创意发展"的文创特色建设发展规划，成功申报成为上海市普通特色高中建设项目学校。2016年4月与上海视觉艺术学院共建"国学教育传习基地"和"文创人才培养实验基地"。上海视觉艺术学院师资和课程资源开始引入田园高中。

2017年6月，经过向上海市特色高中建设小组进行专题汇报，专家组和观察员组投票，我校进入"市级特色展示"行列。

2018年4月，正式引进德稻教育集团世界级文创大师资源，2018年10月挂牌"田园—德稻大师文创基地"，开启院校共建共创新模式，使培养文创产业后备人才有了强大的师资和优质课程资源。

2018年8月，在闵行区委、区政府、区教育局领导的高度重视和直接关怀下，学校整体迁入占地65亩、建筑面积5万平方米、投资2.5亿元人民币的现代化新校舍。学校专门建设了一幢文创大楼，为文创特色高中建设提供了更加广阔的发展空间。

2019年9月，学校挂牌成为北京外国语大学附属中学（以下简称北外），北外的文创研究院资源以及多语种背后的多元文化视野，成为学校文创特色建设的又一深厚资源。

二、"美""创"育人，精准地赋予时代特色

学校特色建设从"美育"引领到"创意"追求，再到突出"文创"特色，前后经历16年，这是一个特色基础不断夯实、特色特质逐渐鲜明、特色发展持续推进的过程。

把美育和创意的理念整合起来，精准地赋予时代特色，是在习近平总书记新时代中国特色社会主义思想指引下，国家对教育提出的要求。

习近平总书记在全国教育大会上明确指出："要全面加强和改进学校美育，坚持以美育人、以文化人，提高学生审美素养和人文素养。"审美素养、人文素养和创意素养，正是"文创"特色素养中最重要的素养。

2019年6月11日，《国务院办公厅关于新时代推进普通高中育人方式改革的指导意见》（国办发〔2019〕29号）指出，要"加强美育工作，积极开展舞蹈、戏剧、影视与数字媒体艺术等活动，培养学生艺术感知、创意表达、审美能力和文化理解素养。"预计到2022年全国"普通高中多样化有特色发展的格局基本形成"。

　　田园高中从建校以来，从"美育"到"创意"，再到确立"文创"特色，把"文创"特色建设作为提高师生审美素养、创意素养、人文素养的抓手，在特色育人理念和特色办学定位上既有继承，又有新的发展，及时、精准地把握时代内涵、国家发展和教育关注人的要求。"文创素养"融"审美素养、创意素养、人文素养"于一体，是学生核心素养培育的重要组成部分，体现并实现了全面育人和特色育人的有机融合，学生全面发展与个性发展的有机统一。

文创特色创建策略

一、确立特色发展理念

美育引领：以美辅德、以美益智、以美健体、以美创新。

创意发展：创意成就自我，创意引领未来，创意造福社会。

二、确立特色发展目标

特色发展目标定位，以"学校—学生—教师"为序列，进行顶层设计。

1. 学校特色发展目标

学校以一定的艺术修养为基础，以创意设计和表达为重点，以知—行结合的创意活动和实践体验为途径，以文化领域为主要范围，重视文理结合、学科交融、跨文化理解，以提升学生综合素养为根本追求，建设人人爱创意、处处有创意、时时能创意的上海市文创特色高中。

2. 学生特色发展目标

通过美育引领，整合、创生、拓展、加强人文和艺术课程，对学生进行文创学习和设计，培养学生对文创积极、浓厚的兴趣，丰富学生参与文创的相关体验，使其掌握基础性文创技能，能进行一定文创设计，培养学生成为人文底蕴深厚、艺术情趣高雅、文化视角多元、创新意识强烈、设计能力突出且具有爱国情怀、国际视野、较高文创素养的新时代高中生。

3. 教师特色发展目标

教师具有深厚的文创素养，能够影响和指导学生进行文化创意活动，成为学生文创特色素养的培育者、指导者、帮助者。

三、构建特色课程

1. 特色课程理念

开发与实施文创特色课程，使学生具备显著而突出的文化创意素养和策划设计能力；使教师具备先进的创新教育理念，形成创意教学风格，能适应新时代教育发展和学生发展的要求。

2. 特色课程目标

构建学校文创特色课程体系，实现"三个一"：开发一批文创精品特色课程，打造一支富有创意特色的教师队伍，培养一批富有文创特长的学生。"三一合一"形成学校鲜明的文创特色。

3. 构建课程模型，形成课程谱系

田园高中学生的"文创素养"，是"美育素养、创意素养、人文素养"的融合体现。在培育学生"文创素养"的实践中，我们构建了"金字塔"形培养模式。这一模式强调学生文创素养的培育应该面向全体学生，依据学生的智力和心理发展特点，设置不同的发展层级，逐层推进，点面结合，以点带面，从以创意通识教育为主的文创基础积淀期过渡到以知识的加深、加宽为主的文创专业拓展期，最后进入彰显创意色彩的文创成就期。

依据"金字塔"形培养模式，我们又将文创素养培育校本特色课程结构设计思路绘制成流程图形式，其内容包括：

（1）在实施的层级方面，遵循普及、提高、深化逐级实施的原则。高一开设全体学生文创通识课程，高二开设文创拓展课程，高三开设文创精修课程。

（2）课程架构。

① 人文类。编导、写作、国学、创意策划、艺术设计、美术、音乐、动漫、工艺设计、服装设计。

② 现代传媒类。数字媒体、播音主持、摄影、微电影。

③ 语言交际类。英语、日语、德语、法语、西班牙语、"模联"、辩论演讲。

（3）在课程开发与实施的课型方面，渗透基础型、拓展型、研究型三类课程。

（4）在课程实施的时间方面，贯串高中三个年级，并使课程课时数逐年递增，使特色课程分布横向波及，纵向衔接。

通过一系列富有"文创"特色的课程群，着力培育学生"文创"素养，提升学生"文创"实践能力。

（5）三类课程全面落实。

①基础型课程。美育素养+创意素养+学科教学。在基础学科教学中，从情境导入、内容拓展、教学方法、评价导向、作业设计等方面，不断渗透美育思维和创意思维，培育学生科学精神和文化底蕴，打好文化创意基础。

②拓展型课程。专业类拓展（十大创意工作坊、社团活动）、学科类拓展以及专题教育活动类课程。为学生提供丰富的选择，让学生学会学习、各展所长。

③研究型课程。每周五下午两课时。寒暑假时间，进行研究方法指导、人文和科技讲座、自主和合作课题研究，在创新实践和社会参与过程中，培养学生的责任担当意识和创新研究能力。

四、特色课堂实现转型与变革

持续改进课堂教学，不断实现减负增效，促进学生身心健康，确保教学质量优化的目标。为学生赢得提升文创特色素养的时间。

（1）确立"学生主创、教师启创、教材再创、媒介助创"的创意课堂理念，注重渗透美育素养、创意素养的培育，"基于学生思维品质提升"，以"人文课堂、创意课堂"为指导课堂，以特色育人。

（2）教学策略上，从"四步八字法"教学策略到"创意课堂"的实践研究，从理念到行动，全方位落实文创素养培育目标。教师在创意课堂教学中逐步形成个性化的教学风格。

（3）教学方式上，创设更为趣味化的知识呈现方式和宽松的学习情境，更多地采用对话研讨、案例分析、问题探究、体验交流等生动的授课方式，鼓励学生以兴趣为触媒，以课题为纽带组成形式多样的学习小组，开展研讨互助的学习活动。

（4）教学模式上，采用"双导师交互课程"和"线上线下"结合的教学模式，在课堂创意空间内引导学生自主学习，关注学生发散性思维、逆向思维等创造性思维的培育，师生共同探讨改进教学流程，培养学生创意思维，使课堂充满文创氛围，实现课堂转型。

（5）评价体系上，用发展性指标分类、分层评价学生，关注学生在科技和人文领域创新实践能力、个性潜能的发展。

文创特色保障

组织保障： 成立党支部、校长室领导的管理网络，完善项目设计和管理制度，保障项目责任落实到人，规范操作、有序推进；建立校特色建设指导专家组，加强对项目的指导、管理及评价。

师资保障： 学校将专职和兼职教师送到相关大学进行专业培养，聘请高校专业教师来校开办授课和讲座，聘请社会专业人士来校授课。

制度保障： 特色建设在学校发展规划中实施，建立课程开发和实施的审议、监控、评价奖励制度。

经费保障： 区政府、区教育局高度重视区域高中特色建设，给予特色建设项目经费。学校健全和推进项目经费保障和奖励制度，设立特色建设专项资金，保障文创特色项目的实施。

技术保障： 区"数字化学校"的构建让特色教育插上科技的翅膀。建设理念和实践相结合的虚拟学习环境、"智能化校园"建设为文创特色建设提供保障。

教科研保障： 学校"基于文创特色高中建设的文创特色课程设计和实施""基于高中生思维品质提升的创意课堂设计和实施"两个科研课题，是上海市教委教研室第三轮"课程领导力项目"的立项项目，由全校教师共同参与实践研究。

文创特色课程载体建设： 优美而富有创意的校园环境，是文创特色教育的内化与外显。有限的时空可以创造无限的教育成果。学校用多元教学空间管理理想的学习环境，营造富有创意的学习氛围，不断激发学生的创新能力，使学生人人爱创意、处处有创意、时时能创意。

老校区2008年创建成上海市花园单位。校园环境精致幽雅，有"小桥流水""行知天地""元培美育广场""仁山智水""中外名画廊"等人文景

123

观。校园建设一年都披绿、四季有花香的优美环境，让人心随境转，潜移默化地受到美的感染与熏陶。

新校区有开放型的图书馆，环境宁静幽雅，书香气息浓郁，书籍不计其数，借阅方便；充满文化气息的咖啡馆，布置温馨舒适，是学生畅谈思想、发挥想象创意的地方；文创大楼的明日世界和文创演绎空间，充满灵动创意，激发学生的潜能，张扬学生的个性。

高端大气、经典美丽的智能型现代化新校园，为文创特色发展提供了广阔的空间。

十大文创工作坊（见下表）是基于文创特色且对学习环境的重构。设计充分考虑学生年龄的阶段特性，符合他们的喜好，尊重他们的成长规律。站在学生的立场设计，目的是让学生的文创潜能得到更好的开发。

十大文创工作坊

1	服装设计创意工作坊	6	动画创意工作坊
2	音乐创意工作坊	7	表演创意工作坊
3	戏剧播音主持创意工作坊	8	微电影创意工作坊
4	创意摄影工作坊	9	编程创意工作坊
5	国学汉礼工作坊	10	创意设计工作坊

文创特色师资培养机制：学生的文创素养既是创意学习的基础，也是创意化学习的目标，关键需要教师具备培育学生文创素养和创意的能力。

一、创设机制，招聘和培养特色教师

学校特色发展离不开特色师资队伍的保障。学校顶层设计将"文创"作为特色发展方向后，在全校招聘特色教师。有的教师虽然喜欢，但专业性不够，学校会推荐这些教师到专门机构进行培训。

二、岗位锻炼，提升特色教师专业水平

学校创意特色工作坊的教师分别配备1名外聘专职助教。一方面，专业人员可以直接培养学生；另一方面，可发挥"师徒带教"作用，在实践操作的岗位上迅速提升我校教师的专业特色素养。

三、教育科研提升教师特色教育研究能力

问题就是课题，挑战就是机遇。我们坚持用教育科研来引领教师发展，提升教师的专业水平和素养。

学校特色发展更需要坚持以科研引领、项目驱动来推动特色高中，使其全面、协调、可持续地发展，用科学研究的方法和实践手段突破瓶颈、指导发展。据不完全统计，建校以来，有关美育和创意类相关课题研究有27项，2017年"美育创意课程促进特色高中建设的实践研究"被确立为区级重点课题，并推荐申报上海市规划课题。

学校有促进教师专业发展建设的机制，与北京外国语大学文创研究院、上海视觉艺术学院、上海戏剧学院、华东师范大学、上海师范大学、德稻教育集团、上海交大南加州文创学院等高校建立合作关系并进行师资培训，支持教师在职进修和提高专业发展，不断提升教师文创素养和技能，确保全校教师具有较高的文创素养。

目前，我校已拥有一批教授艺术设计、戏剧表演、编导、摄影、音乐、主持与演讲等课程的特色教师。

四、文创特色立人立校成效

1. 学生发展

学生后续发展好。2005届的张依依同学考入上海戏剧学院，她创作的微电影获得美国西雅图国际电影节创意奖；2008届吴玉琳同学考入上海视觉艺术学院文创专业，大学期间获得全国创意文案策划一等奖，后考入东京早稻田大学文创专业攻读硕士，毕业后成立文创公司，连续三年负责"上海国际艺术节"的策划宣传工作，成为行业翘楚；2010届朱明杰同学考入东华大学服装设计专业，设计的服装作品获得"中法时装设计大赛"最佳创意奖；2013届杨森同学以钢琴专业全国第一名的成绩考入上海音乐学院，后继续攻读硕士，多次代表学校参加国内外重大演出；2020届虞颜萧同学获得"全国中学生好问题大赛"的"最佳演讲"和"好问之星"奖。近5年来学生获区级以上人文类奖366项，音乐类奖28项，美术类奖108项，戏剧、表演、朗诵等奖58项，体育类奖216项，编辑印制和出版了38本师生书籍，7位学生正式出版书籍成为小作家，各类

区级以上展示交流183次，市级、国家级报纸、刊物刊载的相关报道44篇。

学生成绩大幅度提升。在丰富多彩的特色课程实施过程中，学生文化课学习成绩持续提升。近3年来，学生学业水平考试合格率接近100%。高考本科率从2004年的26%提升到2017年的95.8%，2019届本科率为96%，连续4年得到区教育局办学绩效嘉奖。

一大批个性鲜明、富有特长的优秀学生涌现。每届有20%～30%的学生通过美育创意特色项目专长学习，考入理想的高校继续深造。他们进入大学后创新学习能力强、持续发展后劲足。许多学生考入各类院校就读硕士和博士研究生。有的去了爱荷华大学成为数学博士，有的去了牛津大学成为教育学博士、有的去了上海音乐学院成为钢琴硕士研究生，有的去了北京大学成为物理系硕士研究生，有的去了中国人民大学成为硕士研究生，有的去了同济大学成为硕士研究生，有的去了法国巴黎时装设计学院成为服装设计专业研究生……更多的学生大学毕业后成功创业，自食其力，实现梦想，帮助他人，造福社会。

2. 教师发展

82位一线教师中，高级教师2004年有7名，如今有28名。近年学校还培养了上海市"双名"工程后备人才4人，上海市优青项目教师2人，区领军人才1人，区希望之星5人，区金银牌班主任10人。教师正式出版专业书籍15本。一支师德高尚、业务精湛、学生爱戴、气质高雅、富有创新实践的教师队伍基本形成。全体教师参与学校文创特色建设，成果显著。有3位教师分别担任上海市新教材《艺术》分册《影视数字艺术》的主编和编委。

动漫创意工作坊：孟洪美老师辅导4名学生创作的《漫说社会主义核心价值观》被中国文明网头条录用，《下雪了》定格动画获得上海市单项艺术比赛金奖。

戏剧创意工作坊：韩磊老师和学生自编、自导、自演的原创音乐剧《不要悲伤》获区第四届艺术节戏剧专场比赛一等奖，专著《邂逅戏剧》由山西教育出版社正式出版。

微电影创意工作坊：学生自编、自导的微电影《青春里记忆的名字》《杨淼的故事》受到好评，特别是微电影《杨淼的故事》，荣获上海市未来杯微电影大赛一等奖……

学校特色领域教师都在区域内外发挥了示范、引领和辐射作用，一支能满足学生个性发展、学校特色发展需要，专兼职相结合的特色师资队伍基本形成。

3. 学校发展

学校开展了相关的、具有持续性的、学生广泛参与的文创特色文化活动，如美育节、戏剧节、合唱节、时装节以及微电影节等系列活动，已经成为全校师生期盼的美育盛宴。学校无论是在教学质量、办学水平还是在特色学生的培养上都实现了文创目标，赢得了良好的社会声誉，得到了师生的广泛认同。

学校形成了自主发展机制，特别是在特色课程开发、师资队伍建设和相应的评价能力方面取得显著进步。根据高校招生改革对人才培养和选拔的要求，学校已经开发文创类校本教材21种。

学校在特色相关领域开展的区级重点研究课题"普通高中'美育创意'特色课程促进学生个性化发展的实践研究"，2018年获得上海市教学成果二等奖。

学校被评为上海市文明单位、上海市文明校园、上海市书香校园、上海市中小学行为规范示范校、上海市共青团工作示范单位、全国青少年篮球特色学校、上海市体育特色传统项目学校等，办学绩效连续4年获区教育局嘉奖。

五、文创特色辐射

学校特色高中的建设丰富了学校特色办学内涵，文创特色办学实践也起到有效的辐射作用。跨省市、跨区县的学校来访考察的人络绎不绝，2019年1月至今接待来自北京、山东、江西、安徽、贵州、四川、广东等地的教育团队3500次，大大提升了学校的知名度。还有来自美国、德国、加拿大、丹麦、芬兰、韩国、中国学校的师生，他们在了解了学校基于特色课程的学习环境重构教育模式后给予一致好评。

学校还成为闵行区美育联盟"戏剧项目"盟主校；区"高中生辩论项目"项目引领学校；颛桥镇学区化办学核心引领学校，引领区、镇学校向均衡、优质、特色方向发展。

视觉设计课程、艺术工程设计等数字艺术慕课系列计13门慕课课程上网，线上线下学习形成互动。

"文创通识课"成为每位学生的必修课，学校师生对学校特色的知晓度达100%，对特色发展认同度达90%以上。学生对学校课程与教学的满意度，学生、教师和家长对学校发展的认可度，都保持在90%以上。家校同心合力，培育健康学生，共建美好未来。

六、文创特色未来展望

2019年9月，田园高中挂牌成为北京外国语大学附属中学，给学校发展带来新的机遇。但学校在以下几个方面还要不断完善和提升：

（1）围绕建设"上海市特色高中"的新目标、新定位，主动服务"一带一路"倡议，坚定文化自信，坚持传承创新，开拓更广泛的文创教育资源，包括校内外、国内外的文创特色教育资源，为师生提供更加多样化、高品质、跨文化的文创特色资源，扩大师生视野，提升师生眼界。依托北外文创研究院资源及其多语种的优势，将多语种背后多元文化理解作为文化创意突破点和创意点，形成行之有效的操作体系。

（2）确保立德树人，明晰文创特色建设中育人价值、德育目标体系建构。

（3）持续完善学校课程计划，确保文创特色课程和教学在内容、方式、时空、资源方面不断优化、提升。

（4）不断完善网络课程资源管理和学习平台，充分利用人工智能和大数据为文创特色课程建设和教学服务。

（5）持续建设一支师德高尚、业务精湛、结构优化，具有深厚美育素养、浓厚文化底蕴和超强创新意识能力，擅长培育和引导学生、德才兼备、专兼结合的师资队伍。

（6）加强科学研究，确立文创特色建设对学生美育素养和创意素养培育的实践研究课题，为培养新时代具有深厚美育素养、创新实践能力的终身学习者积累经验。

特色普通高中建设是持续提升学校内涵发展水平、成就学生、为国育才的一项重要工作，我们将与时俱进、再接再厉，在各级领导关怀、各方专家指导、各类学校支持和帮助下，汲取特色展示学校和特色挂牌学校的经验，奋发有为、实践创新，努力把田园高中建设为一所在上海乃至全国有一定影响力的、服务于国家"一带一路"倡议的文创特色学校！

"创时代"背景下的艺术教育

6

改革开放为我们带来了一个崭新的时代。国家和人民在习近平总书记新时代中国特色社会主义思想的指引下，前进的步伐更快，前景更美！新时代之"新"，是指前所未有的时代精神和风貌。意气风发，砥砺奋进；不忘初心，担当使命；缔造福祉，强国富民。生活在新时代的人民有更多创造力，也享受到这个时代带来的幸福！

"创时代"的文创产业与学校艺术教育

　　新时代之"新"，还在于全方位的创造！创，是这个时代带给我们的激情、欲望和向往！这是一个以创造为动力、以创意为源泉、以创新为愿景的"创时代"！"创"，是我们对这个崭新时代的定义。旧的时代背影已远去，新时代脉动加速，推陈出新，革故鼎新，使中国和世界的面貌日新月异！

　　这是个新时代、"创时代"，也是一个"大时代"！时代大潮澎湃，创新画卷展开，先驱奔跑在前沿。人们嫌活动舞台"小"了，就创造一个网络世界，创造出人工智能来助力，实际也是在跟自己"较劲"。还搞出《流浪地球》的科幻来表示进取。线上线下、纵向横向的创造力总在引领我们把目光望向未来！这个时代的"创"有各种气息、各种话语，种种色彩的特色，他来自各种方位。我们得到了这个时代的"红利"，也难免遭遇资本角逐、道德滑坡、人性异化的乱象和衰变。实际上，我们已感受到世俗化、商品化已促成一个"大消费时代"的忧患，所以要高举旗帜，认准方向路径，跳过陷阱，让"创"充满正能量！

　　我们来说一说"划时代"的意义。相比过去封闭保守的时代，我们肯定喜欢这个创新而开放的时代。但是，这个时代也并非全优，也有其短处。正如杰姆逊在《后现代主义与文化》一书中说："后现代主义文化已经无所不包了，文化和工业生产及商品已经紧紧地结合在一起……"他认为，到了后现代主义阶段，文化已经完全大众化了，高雅文化与通俗文化、纯文学与通俗文学的距离正在缩短。商品化进入文化领域，意味着艺术作品正在成为商品，理论甚至人的良知也成了商品（指商品化逻辑已经影响到理论思维和人性变异）。"总之，后现代主义的文化已经从过去那种特定的'文化圈层'中扩张出来，进入人们的日常生活，成为消费品。"

时代在变新，变大，也变得有创意。"创时代"的艺术教育也要具备创造性的气韵，培育莘莘学子的创新素养和气质，跟上时代前进的步伐。是的，今日之教育，要让学生知道我们怎么从昨天过来；也要让学生踏准今天的节奏，调整好个体和群体的步伐，懂得新时代的吐纳标准，扬长避短，把握好走向明天的道路。

受这个时代精神的激励，我校引进了文化创意产业教育课程，所以，在将艺术教育和原有学科教育结合的时候，也得审时度势，拿出切实可行的新方案。

2014年的数据表明，"文化"是搜索次数最多的热词。文化，不仅是资源，还是智慧和财富。IBM（国际商用机器公司）对全球顶级跨国公司CEO进行调查，问他们未来最需具备的素质是什么，他们几乎全都说是"创意"。把文化和创意这两个词——两种思想组合起来，就具有如大海般深广的资源和澎湃的力量！

我们在前面解读《艺术课程标准》中"文化理解"部分时，谈到过文化的含义，这里不赘述。现在要说到"文化创意"的相关概念，还需先讲"创意"，为进一步学习"文化创意产业"打好基础。

什么是"创意"？可从《赖声川的创意学》这本书提起。赖声川是台湾著名戏剧艺术家。李安在介绍这本书时说："赖声川是一位难能可贵的艺术创作者，更有丰富的教学经验，并且修持佛法极深"。分享他的经验能够"启发智慧的能源，一窥创意的奥秘"。余秋雨在推荐时风趣地说："人们很可能不知道什么叫创意，却一定知道什么叫没有创意。"随后他说了一句"创意是一种有迹可循的心灵过程"。赖声川先生在书的自序里说："现在创意教育都在艺术的领域中进行，但太多跟创意有关的学习必须在艺术之外的领域中发生才对。"进入正文后，他一语道破靠"文化创意产业"发财的意图，说了这样一句尖刻的话："原来是为'产业'服务，而不是为'文化'或'创意'服务。创意不过是资本市场另一项可剥削的原料而已。"要想得悉赖声川先生阐述的"创意发生"的秘诀，得细看全书，它们都会在他获得各种创意来创作的经历和经验里沉淀。作者对此陈述颇详。他经常让学生观摩他的创作过程，心想他们会捕捉到那神秘的"创意时刻"，但很遗憾，不专心的学生搞不清楚发生的状况，根本没看到！这让他醒悟到，经验是无法复制的。我后来通读全书若干遍后才明白，赖声川先生所说的创意是"发现的旅程"；创意的精髓在于事物之间"各种可能的联结"；要摸清个人大脑对各种信息的存储机制、组合机制和调用机制。他后来整理出一张"创意金字塔"图，"金针度人"！我觉得这可以供人参考，但要真起效，还需要学习者自己经历一次次摸索、获得的过程。我想，可以设置一门"创意读写"课程，专门指导学生通过阅读去发现各类文本中的创意亮点，把自己的联想、记忆调动起来，写成读书笔记，让自己的发现、感悟在最真实的文字里"孵化"出奇思妙想。两者互动，形成张力。一位朋友说，读书、写作实际是围绕三个"现"的活动，就是发现—涌现—表现。"发现"是刹那间的"看见"，令人眼前一亮，心头一热，精神为之一振！"涌现"指的是内心思绪顿时活跃，伴着语言流淌出来，甚至涌流不止。趁势记下，而且会越写越多、思维越灵敏。趁着热乎劲儿去想对其表现的载体和方式。我闻听此言立时想到，这兴许就是灵感惠顾、创意闪现的时刻！我当即补充了"闪现"还有"呈现"，作为交流心得与友分享。此后，我运用此法读书写作非常受益。许多"创意"就是这样获得的。譬如，有一次我去浙江安吉游大竹海，想起了郑板桥说的"眼中之竹""胸中之竹""手中之竹"，顿时补了两个短语，"园中之竹"和"纸上之竹"。这样，有现实的竹林可供观察，也有笔墨落实到宣纸上元气淋漓的竹画，整个创作过程就全说到了。补想两个"之竹"，是对脑海语词信息的调集，以前没想到，是时候未到；置身竹林，氛围氤氲，小小创意，不招自来！"创意"真的不是坐等的产物，而是长期寻思、偶然得之的"机缘"。

"文化创意"，是文化运作（内容、形式和组织）的创意发现之所得，作用比上面说得要大许多，但创想机制是一样的。策划一次大型活动需要构思新颖的运作方式，创想投入产出的新模式，在创意没有生成时需要耐心沉潜；一旦创意来"敲门"，马上迎进来！把各种元素组合起来，使之有型有范、呼之欲出！

观摩别人成功的范例不能只是简单地仿制，连关键点都雷同是与创意无缘的。像国内有些电视综艺节目，拿国外节目搞所谓"创造性移植"，"仿"的痕迹太重，既不利于自己的创新发展，还会惹上产权麻烦。先前在《图说上海美专》里看到一张图片，是一群男学生与裸体女模特的合照。这些图片证明当时刘海粟主办的上海美专对于社会上反对画"裸模"的态度。后来，在詹姆斯的《艺术是教不出来》一书中，又看到两张图片：一张是作者拍的芝加哥艺术学院女性雕塑课堂（1918年）的画面。画面中有一群女生正围着一个穿民族服装的男模特。还有一张是作者拍的有关芝加哥艺术学院男性人体写生课堂（1905年）的画面。画面上，一个搔首弄姿的女性裸模，被一群男人围在中间。上海美专那张如出一辙的合照构图，极有可能就是对此照的模仿之作。我举此例，一是想说明艺术院校在历史演进这条线索上所反映出来的"风情"；二是想说，当后者模仿的痕迹显露时，"创新"程度和水平就"降等"了。

现在常见的"文创产品"，顾名思义是文化创意产品。提升到学理上说，是指依靠创意人的智慧、技能、天赋和文化积淀对文化资源、文化用品进行创造与升华，通过知识产权的开发和运用，借助现代科技手段产出高附加值产品。说简单点，文创产品就是创意价值的产品化。各种艺术品、文化旅游纪念品、办公用品、家居日用品、科技日用造型设计等都可能成为文创产品。一个新鲜的创意可以让一件产品附加超出用户预期的文化艺术价值、智慧创意价值，让人们愿意接受并产生购买行为。这便是"文创产品"存在的理由。书法、国画和油画等附于产品外观，用生动的艺术表现形式提升文创产品的艺术价值。其他如软陶、雕塑、陶艺、编织、刺绣、布艺等创意DIY手工类产品，也是文创产品的常见类型。要靠自己的创意让产品变得新颖、独特，向用户"秀出"魅力。在弘扬地域文化、带动旅游文化、展示历史文化方面，只要坚持创意引领，还是可以大有作为的。如果只是相中别人的款式，换上不同图案，自以为是地走"创意+商业营销"的"文创"新路，就会钝化自己的创作能力，更谈不上在"文创"领域干事业了。

需要指出的是，现在人们往往直接提"文创"或"文创产品"，跳过"文化创意"和"创意产业"的概念学习。其实，这方面的认知和学习内容是不能省略的。生活在这样一种"短、平、快"的社会氛围里，知道"文创"和"文创产品"的学生要比知道"文化产业"和"文化创意产业"的学生多。学校引进了德稻集团"文创教育"团队，开设了10个"文创工作室"及相关课程，应该有"文创通识"方面的教学和教育活动，能清晰地讲授"文化"的真正含义，从"创意学"的兴起，讲到"创意产业"，再讲到"文化创意产业"各层级的含义及学习它们的意义。我作为热爱艺术教育、对艺术教育能自我激励地做一定研究的教师，意识到自己在这方面是有"传道授业解惑"责任的。

"创意产业"的提法来自英国。英国是世界上第一个由政府出台政策推动创意产业发展的国家，在发达国家中最早提出"创意产业"概念。其主要是指那些从个人的创造力、技能和天分中获取发展动力的企业，以及那些通过对知识产权的开发可创造潜在财富和就业机会的活动。1997年布莱尔上台后创立英国文化、媒体和体育部，内设创意产业工作组（Creative Industries Task Force），大力推进创意产业发展。英国创意产业具体包括出版、电视和广播、电影和录像、电子游戏、时尚设计、软件和计算机服务、设计、音乐、广告、建筑设计、表演艺术、艺术和古玩、工艺13个子行业，成为英国经济增长速度最快的产业集群，也是如今文化创意产业的雏形。

不同的国家对"创意产业"的指称是不同的。美国对知识产权十分重视，反映在对"创意产业"的命名上，称其为"版权产业"。日本和韩国称其为"内容产业"。中国称其为"文化创意产业"，对其内涵表述为：依靠创意人的智慧、技能和天赋，借助高科技对文化资源进行创造与提升，通过对知识产权的开发和运用产生高附加值产品，具有创造财富和就业潜力的产业。联合国教科文组织认为，文化创意产业包含文化产品、文化服务与智能产权三项内容——业界很快把它打造成"产业链"。

从我校现在的课程结构和为学生高考服务的准备来看，我校有点像艺术类院校的"预科"。既已如此架构，我们在对学生进行艺术教育和文化创意教育时，就需要考虑课程内容的选择，指导学生了解文化创意产业发展的大趋势和业态变革集聚的特点。因为这对他们将来的"可持续发展"有用。想到一个行业新词，引到我们的语境里，可以说是内容的"供给侧改革"吧。

艾媒咨询发布《2018—2019中国文化创意产业现状及发展趋势分析报告》，分析了游戏、动漫、电影、线下迷你KTV、音乐、音频、短视频和知识付费八大领域，由此可见当前中国文化创意产业的特点。根据国家"十三五"规划，2020年，"文化产业将成为国民经济支柱性产业"。多重利益之下，文化产业进一步发展壮大，市场对娱乐产业的需求也进一步被激发。另外，BAT（中国三大互联网公司，即百度、阿里巴巴、腾讯）都对文化娱乐产业加大投入，技术升级很快，使文娱行业成为资本风口，在内容形式和业态结构上多元化、年轻化。2018年中国手机游戏用户规模达5.65亿人，音乐客户端用户规模达5.43亿人，动漫用户规模达2.76亿人，知识付费用户规模达2.92亿人。这些数据充分说明了产业集聚的规模效应远远超出人们的预想。

游戏产业已成为文化产业中的重要组成部分，是"共通性"最强的文化服务产品。手机游戏出"海"能够获得拓展，这不只是为游戏厂商拓宽盈利渠道，也为了中国文化能更好地"走出去"。通过实施精品战略，需对游戏"人设"和场景添加中国文化特色元素，以达到形象化的传播效果。

要明了大势，可以看国际性的展会。2019年5月，第十四届中国北京国际文化创意产业博览会首次纳入中国国际服务贸易交易会。广播电视网络视听展，有数十家广电领域的企业参展（如北京广播电视台、歌华集团、今日头条、新浪微博、优酷、爱奇艺、快手、第一视频、风行在线、利亚德、华创科技、瑞德霖科、启迪文化、北京银行、北京联通等）。本届大展的主题是"融合、智慧"，具体展开为四个"融"（融·政务、融·生活、融·资讯、融·未来）和十六字原则（导向为魂、移动为先、内容为王、创新为要），彰显四个"最"（最强价值引领、最佳融合态势、最优产业发展、最炫技术呈现），展示了网络短视频、网络直播等新兴媒体业态，呈现了人工智能、大数据、云计算等前沿技术在网络视听领域的最新应用成果（如字节跳动展示的京剧脸谱——人脸检测、3D全景博物馆、实时肢体识别等最新互动产品）。5G传输、4K/8K超高清视频及编码解码等全产业链先进技术及实际应用得到集中展示，并能通过现场实时连线互动。参展商"第一视频"以推进广电科技创新为重点，以3D全息裸眼呈现形式，现场展示两款AR社交产品、全息互动机器人及全息影像旅游解决方案，让世人看到中国全息影像、人工智能和即时通信的先进技术。

放眼文化创意产业的广阔市场，既有强力崛起，也有众声喧哗。鉴于此，有一个意识我们必须得确立，那就是业界看艺术创作，重视"生产"和"销售"环节，文学艺术作品会受"文化产业"运作机制的吸附。一套新的文艺价值观已经生成。譬如，作家或网络写手的小说还没写完，其创意已被IP买断，甚至没等完稿就投入前期拍摄。文化资本具有选择权、催生权和垄断权。符合这套机制者能获得实利；反之则被边缘化，以致出局。作品被捧红，进入热销渠道，一条龙的衍生产品就被炮制出来了。它们被用各种"小艺术"手段制作出来，有的就叫"文创产品"，再结合文化旅游销售出去，利润依然落入文化资本家的囊中。他们略有亏本也在所不惜，因为这套操作他们已经玩得很纯熟，下一个"猎物"又出现了，兜捕过去就能收网，没有不就范的。这对我们实施正宗艺术教育是很有灼伤力的。但我们的艺术教育也不甘"变节"。怎么办？故宫举办古文物展出时都不自重，选择制作"网红"系列产品来赢得游客的青睐，若问他们的社会效应和经济效益如何平衡，那投入产出账肯定算得与过去不一样了。

现在"文化创意产业"的疆域比原先已经扩大许多，教育培训产业、知识付费产品、电子竞技等都蓬勃兴起了，谁都可以举着文化的旗到这块宝地来分一杯羹。手游业本来就风生水起，"王者荣耀"诱获到无数青少年的心和"费"。世界电子竞技大赛停办5年后重启，又在陕西西安开赛了。除了赛场，还用国际会展中心为观赛场，利用AI和VR新技术拓宽"全新视野"，并可让15万人"围观"。论坛和音乐节全副"武装"。不仅"燃爆"了整个夏天，还彰显西安执意要往"西安电竞"路上竞跑的姿态。我们能不惊呼"文化创意产业"对"文化"的改造力吗？古城西安，以盛唐文化赢得往昔荣耀已不够味，还要靠"电竞文化"再"火一把"了。电竞业已被看成"电竞奥运""新蓝海"。看西安曲江描画的"路线图"，谁能说古都不"新潮"？——未来曲江新区将配合"高段位"扶持政策，打好"文化+政策"组合拳，全面深入推进电竞产业生态化、集群化、尖端化发展，推动"西安电竞"独特城市IP的树立，为西安乃至陕西推动新兴文化产业做出贡献。对西安的今天和明天，对西安的"两面"（一面是古典，一面是热血），我们怎么看？大的逻辑比拘泥于细枝末节更重要。那就是前文所提到的后现代主义的文化变迁。文化创意产业的发展已经培养出消费者的欲望（以及决策者愿意满足这一愿望的愿望），使之无法阻止各种名目、各种品牌的营销。这次，还融入"兵马俑"秦文化元素，"电竞+科技""电竞+旅游""电竞+文创""电竞+影视""电竞+数字出版""电竞+商业"等文化产业的新创意全套，谁人可轻易说"No"？

这是无法遏制的"新兴"趋势。不能怪罪"创意"，它是原生的种子落到哪块土里，不用它也会旋生旋灭，枯萎了事。我们在实施以创新为标志的艺术教育和文化产业教育时，有责任把这样的现状向青年学生讲明白，提醒他们学会分析，审时度势，权衡利弊。同时，在规划我们的教学计划时，也一定要有正确的文化选择，什么能进课堂，什么不能进课堂，一定要讲得出道理，守得住底线，把学生往正确的方向引。

对艺术教育的理性思辨

艺术教育的问题，有些并不是一说就通、畛域分明的，需要我们运用理性思辨思维得出正确认识。

我们的认识能否有进步，常常体现为能否客观地看待、辩证地分析外界事物和形形色色的人。一成不变的思想是要不得的。一看就懂的精明也不可能时时事事都真切。要学会审时度势、与时俱进，这两个"要"得结合起来。当原先对外界事项和人物的总体评价不能覆盖对象的全部，觉得自己有的判断不够周全，有的材料放到既定框架里容易"溢出"新的意义时，就需要做出调整，一切服从客观事实，而不是全凭主观裁定。总之，在对象身上看出一些问题，需要修正对它的原结论或以阶段论之，方觉公平和公正、合理和准确。

这里没有急切地要张扬什么而去否定什么，以及一定要去义正词严地批判什么的意思。只是想把有关艺术本质和艺术发展的人物、事象及事理认识得更清楚些。

这是理性思辨的态度和风格。

理性思辨，应该是包括批判性思维的。《思辨与立场》一书说到，什么是好的批判性思维，其中提及思维的六个要素，即清晰、精确、逻辑、深度、广度、公平。在所有的思维中都会有一系列的问题对应着这六要素，它比较清楚地给出了批判性思维的要素和评判标准。

"理性思辨"也需要这些思维元素的支撑和建构，同时还要避免任性和冲动。受情绪支配的"任性"会让人盲目冲动，这不等同于理性的执着，既失却稳健的风度，也缺少智慧的帮助。

通过百度查看对批判性思维（Critical Thinking）的解释，主要是指通过一定的标准评价思维，进而改善思维。这是合理的、反思性的思维，既是思维技能，也是思维倾向。

由此，我认为，要学会"理性思辨"（可以把"批判性思维"也包含进去），有独立思考的自由精神，讲求理性审视、谨慎辨析、把握逻辑，而不是人云亦云。

还有，学习各种维度的整合，包括"跨学科的整合"，也会使研究者的思维品质得到提升。譬如，STEM是美国教育界重视的一个跨学科整合项目，即S（Science，科学）、T（Technology，技术）、E（Engineering，工程）、M（Mathematics，数学）交叉融合，整合成的一个混合学科。再把艺术（Art）加进去，会怎么样？哥伦比亚大学教育学院艺术与人文学部创始主任朱迪斯·伯顿来华访问时说：当我们把Art加入STEM中，五个学科相互融合交汇成为STEAM，带来了STEM从来不敢想象的多样性，带来无限的可能和无限的资源，提高了思维的宽广性，构建成新的思维，这种新的思维正是艺术的核心，也是优秀艺术教育的特点。在艺术教育的学科中，不管是教育者还是理论家，都必须认识到艺术和艺术实践的巨大潜力。STEAM为我们带来了关于跨学科能力的全新想象，前提则是确保在各种不同的知识领域中锻炼能力和性情，并且认识到，不存在一个最重要的学科。削弱任何一个学科都有可能被视为削弱了五个学科整体所达到的效果和可能性。在批判性探究和反思的框架下，青少年通过掌握不同学科的话语和工具来推动他们的艺术实践；在艺术实践这一灵动多变的舞台上，其他学科的话语和工具获得了前所未有的丰富性和深度。

伯顿的这番话给我们带来很有益的启示。五个学科的整合打开了认知的空间，交融成"跨界思维"能力，可以使学习者、研究者更自由地在多方位、多领域畅游。过去不可能接触的，现在可以接触了；过去想不到的，跨界后就想到了。跨界所得到的交集点增加了，交融后的新感受也丰富了。这也是在更高层级上对原先拘泥于一个界面、一个领域的了解和传统学习模式的超越，由此带来的新思维建构，也是对传统思维的批判。减少一个或几个学科，界面少了、窄了，就是"降维"。思路窄化，收获也会大大减少。

再点透一些，可以这样想：研究艺术教育本质和规律，学习和吸纳艺术教育的丰富性，不能局限于"从艺术到艺术"这一条路径。艺术可以和科学、技术、工程和数学等学科领域融合，艺术家可以同这些领域的专家切磋、商洽，在可能的情况下密切合作。我体会这一思想也可以同加德纳的"多元智能"理论接通，即人的语言智能、空间智能、逻辑数学智能、自然观察者智能等可以结集起来，挖掘和发挥多方面潜能，给学习、思考和创造带来更大助力。新时代的艺术教育在运用多媒体手段时，不能疏远科学技术。

上述内容说到了"界面不能减少"的观点。思考我校学生的学科知识摄入和学科思维训练，他们一方面在接受各学科的教育，另一方面也在接受艺术教育和文化创意产业教育，因此，各学科的协同实际已经产生了需要，所以必须确立"整合"的教育新观念。各科教师彼此要协作，教学方案在整体效应上要联通、匹配，不能单打，还要指导学生注意联通和匹配。我们各学科教师所教的，由耳、由眼入心，最后都"结集"到学生的头脑里，成为他们意识的一部分。艺术课、文创工作坊的任课教师也要思考自己的课在什么环节、什么知识点上可以加入（或用上）语文、政治、数理化各科的知识内容。即便是以训练运动技能的体育课也可以同艺术结合，开展艺术体操或体育舞蹈等项目。这样，多元智能的训练也好，多界面的接触也好，都会得到实际的落实。上述感悟是对今后教育教学活动的一种新的"认知"和"把握"。

下面，讲几个实例。譬如，深圳大芬村的模式。

深圳大芬村现象，我曾很为之吃惊——这些村民，没有接受过正规的美术和艺术教育就习得一些基本技能，并日趋熟练，能临摹西方名画，达到"流水线"绘制、大批量生产，达到以"山寨"乱真的程度。虽"非原创"却也讨人喜欢，成为世界商业油画的"标签"，吸引无数慕名而来的客户和参观者，不仅赢得可观的收入，而且为后来按文化产业的模式发展打下了基础。现在，大芬村的总产值能占全球油画市场产业的60%以上。每年能生产500多万幅高仿油画，出口创汇达3000多万元（实际的数字肯定比这还要大）。这真是一场文化奇观！

专画凡·高的赵小勇，就是其中的翘楚。他20年画了近10万幅凡·高油画。2014年他出国到荷兰，看到凡·高作品真迹时，醒悟到要找回自己，也可以画自己、搞原创。他不是画家，原是一个有经验的画匠，现在萌生这样的自我意识，是难能可贵的。还有一些艺术家来到此地，开始在原生态群落中探索自己的原创油画，这都是能引来真正"艺术之光"的创造性力量。现在，这批原创画家已有200多人。他们的新画作被高价收购或拍卖。2018年7月，中国深圳原创油画作品送德国柏林参展，已经向世界迈开了创新步伐。意大利也有了仿"大芬村"模式复制中国油画的产销基地。"大芬"已经成为中国的一张名片。

2003年，"订单像车轮一样赶着画工们往前走。"（赵小勇回忆感言）2004年，大芬村成为首届中国文博会唯一的分会场。同年11月，深圳市不失时机地把"大芬油画村"报送国家文化和旅游部，大芬村被命名为"文化产业示范区"。自此，大芬有了政府的"背书"支持以及享受政策的好机遇。画家公寓和大芬美术馆拔地而起。游客到此游览，可以像进露天画廊一般随意徜徉，孩子们到这里可以在成排的画像长廊里穿行，可以看到年轻的画工把超大的画布铺在地面上，直接在阳光下作画。看到喜欢的画，可以买了带回家布置新居，也不失雅致。这种由"创时代"体制和机制所催生的文化生产和消费现象，在它进一步发展的过程中会有序扩张，还是"野蛮生长"？2006年，摄影家余海波拍摄的《大芬油画村》系列作品获第49届世界新闻摄影比赛二等奖，并被旧金山现代艺术博物馆永久收藏。2010年上海世博会上，大芬村的500名草根画师作为"城市最佳实践区"的代表，集体绘制300平方米的巨幅油画"大芬丽莎"，展示了深圳和大芬人的梦想。2017年，一部名为《中国梵高》的纪录片（由余海波和他在英国学习纪录片的女儿合拍）在国际上获奖。它是以赵小勇的经历为素材拍摄的。"大芬村人"和"大芬村文化"的影响更是不胫而走。"世界油画，中国大芬"的巨幅海报和横标，连真正的凡·高见了都会吃惊！2019年夏季，国家公布《关于支持深圳建设中国特色社会主义先行示范区的意见》，深圳在粤港澳大湾区的定位更显重要，在"二次腾飞"的形势推动下，深圳这座城还会有怎样的奇观？深圳移民会焕发怎样的激情？我们可以继续观察。

读到一则往年资料，说的是2004年美国哈里斯互动民意调查结果显示，有三分之二的美国人不会唱国歌（后来了解，是因为歌词实在难记，高低音落差大）。这一数据披露后，有关部门采取措施予以扭转。全美音乐教育协会设立"国歌：恢复美国之声"项目，于2005年3月起教学生唱国歌，同时致力于提高学生对学校音乐教育重要性的认识。另据2006年7月的新闻报道，一群音乐教师相约解决这个难堪的问题。他们启动了一项名为"国歌工程"的项目，准备走遍全美50个州的市镇和学校教唱国歌。美国音乐教育协会主任约翰·马拉曼说，国歌是一首非常有挑战性的歌曲，需要我们的音乐老师帮助年轻人学会它，以便在教授歌词和曲子的同时向人们传递一种国家团结的信号。2007年6月，华盛顿成功举办了唱国歌活动。全美音乐教育协会继续鼓励学校推行唱国歌项目。到2009年9月14日的"国歌日"，全美有更多的学校组织了唱国歌活动。他们花费近5年时间来做改进。再后来，新的调查数据如何呢？除了在学校抓落实整改，对社区呢？三分之二不会唱美国国歌的人数在社区会占多大比例？

我后来看到《学会提问》里说"通往合理结论的道路往往从问题开始，并且一路都有问题相伴"。我的提问也是这样一路生成的。

我们平时很少反省自己的思维状况。以前自以为能解读各种文本，分析诸多艺术理论问题，并教会学生开展此方面的学习和思考，貌似也能开展一些批判性思维，并说出自己的意见，但实际上常被狭隘和偏颇所制约，缺乏积极思辨与求索的活力，在某些方面还易落入俗套、机械搬用、缺乏新意的思维中。

人们常会说到"批判性思维"，却常把逻辑重点放到"批判"上面。我认为，批判性思维的实质是独立思考，其特征不是批判而是理性思辨，不受他人思想控制，也不被自己的思维定式所局限，这样才能获得正确的结论。

具有此种思维能力的人必须有正确的价值观，善于思考，有一定的思想基础、思想深度，该运用理性的地方绝不冲动，该辨析就认真辨析，需质疑就大胆质疑，应批判就坚决批判，要构建就勇敢构建。

往前寻"源"，理性思辨的核心是张扬一种如王国维和陈寅恪先生所追求的"独立之精神，自由之思想"，不接受现成的理论教条、僵化的思想主张，不蹈袭旧思维，"盖将以脱心志于俗谛之桎梏，真理因得以发扬。"中国教育从知识传授发展到博雅、通识，再往全人格教育的新阶段提升之时，应该将理性思辨作为现代教育制度创新的一项重要原则和期许。

理性思辨注重反思和省察，要积极、主动地对一些陈旧见解、常态甚至貌似新颖的提法和做法提出质疑。倡导批判性思维也并非偏执地强调否定性思维，创造性和建设性能力是其不可分割的部分，而且成为重要的思维追求——它在合理解构时也会理性建构，把思想的"微光"化为走向新途的灯塔，用以破解一些固化的共识和思想的困惑，使纠缠社会和个人的认知困境得到解脱。

然而，以往无论是学校确定的培养目标，还是学生制定的成长目标，对于理性思辨的关注度都是不够的，对于优良思维品质的建构都是欠缺的。是不加选择地被动接受，还是经过思辨明确方向后创造性地建构，哪一种更有价值呢？显然是后者。但教师和学生大都还习惯于前一种教育模式。因此，要切实采取措施，克服学校教育和学生素质的"短板"，使教学授受双方都得到加强。要界定在教育教学中贯彻理性思辨的基本内涵，把理念、愿景、路径落实到"学情"和"校情"研究、师才和教材建设、教法和学法改革等基本点上去，聚焦课堂，把理论探求与实验实证结合起来，积累生动的案例，创造可推广的经验。

要适时渗透，相机进行人文通识教育。教师不能只照教参备课、讲课；学生不能只会按套路做练习、分析作品、写感想，要学会细读文本、赏析作品。因此，我认为开展理性思辨的实践研究、知行合一、以知导行、对于改善教师与学生的思维品质、提高其综合思维能力具有重要的意义。

我们在强调理性思辨时，也要注意批判性思维的培养。但要善于分清两种不同的"批判"。现在的文化较量中，有一股歪斜之气，物质功利的诱惑对正能量的价值观进行挑战。这是对优秀传统文化和社会主义核心价值观的瓦解，这样的"批判"是应该反对的。我们需要的是正确的、理性的"批判性思维"，需要那种有助于我们的文化健康发展的"批判性思维"来作为创造性、建设性力量的先导。体现在教育领域，再往下延伸，具体到艺术教育各个环节，都要注意这方面的教化影响。

对于"加强中学生理性思辨能力的培养"这一研究课题，需要有"延续性"的方略。这一"延续性"思路有两个基本点：一是调研学生对象，对他们在中学阶段的思维状况要有基本的考量，对学生的思维能力进行调查，以便实施有针对性的培养策略。二是对教师进行理性思辨的调研。因为只有教师具有此方面的素质、能力才能对学生进行定向培养。对此，可以请教师自述并对教师进行测试，采集数据、案例，支撑调研，形成专题分析报告。

在我校艺术教育和文化创意产业教育元素不断融入的情况下，需要开设一门能把"理性思辨"和"创意读写"整合在一起的新课程。通过有意识的系统教学和训练，为高中毕业生考入艺术类本科深造开辟"可持续发展"的通道。创意读写课的教学可以同语文组和文创工作室联合进行，可以对丰富语文学科中写作系列课程以及学校创意人才育成系统进行建构，培养学生的创新能力。创意不可能在禁锢的头脑中产生，必须打破框框（Thinking outside the box），让学生进入"蓝天思考"（blue thinking）的畅想状态。贯彻理性思辨、读写互动的定向培训，可以使学生通过创意阅读吸收创新智慧，发展理性思辨能力，激活创意生成并把思辨和创意方面的收获写成文本。这样继续地努力下去必能增强学生的理性思辨能力、创造思维能力、故事构想能力、信息处理能力、活动企划能力、传媒利用能力、把握实务细节的能力，起到为艺术教育和文化创意产业服务的作用。

文化创意产业发展的冷思考

国家文化是形成民族向心力、精神凝聚力、事业创造力和经济驱动力的重要根基。《文化产业振兴规划》发布以来，文化产业在国家层面被列为新兴支柱产业，由此成为最新、最热、涵盖面最宽、最牵动各方关注的产业。中国走进以文化引领的创意产业时代。深化文化体制改革和推动文化大发展、大繁荣成为战略性任务，"掀起文化建设的高潮"已经成为上下共识、统一步调的美好愿景。国家"十三五"规划发布后，地方政府更加重视文化体制改革，跟进速度快，出台政策多，投资手笔大。文化产业就像快速装备起来的"高铁"系统，似乎可以呼啸疾行了，但忽略了国家强调的"科学发展"是高度的"文化自信"和"文化自觉"。对此，我们需要冷静地观察，发现新的跃进态势下已有的"隐忧"，根据"发展必须科学""不科学就不能持续发展"的思想面对现状，聚焦问题。

一、找准经营性文化产业与公益性文化事业的平衡点

普通民众所需要的文化产品是最应给予提供和满足的。这是文化产业的"供给侧"，是谋"文化民生"福祉的需要。紧张劳作之余，百姓需要娱乐，但有的娱乐业对大众生活理想、情趣熏染有负面影响，不可忽视。文化产业是"内容产业"，要抵制"三俗"，追求高雅、健康的文化生活。

二、没有法制约束的文化产业隐伏着危机

要意识到发展"功利性"文化产业的负面影响。某些地方政府政策倾斜，大手笔开发文化创意产业园、主题公园等政绩工程，给自然环境造成破坏；动

拆迁随意，房地产商乘虚而入，致使"文产项目"沿线房价飙升。

三、依法确立知识产权的保护意识

发展文化产业需要法律保障。一方面，文化产业要他律和自律并重。文化产业是内容产业，内容是文化产品和服务的核心要素，存在着社会效益和经济效益相统一的问题。发展文化产业，绝不能只顾经济效益，不顾社会效益。另一方面，要特别重视对知识产权的保护。我们已经进入数字时代，复制、传播文化内容，原来需要耗费大量人力、物力，现在只是举手之劳。从有利的方面看，知识产权为文化产业的快速发展提供了科技保障；从不利的方面看，我们将面临新的挑战。盗版、侵权也成了轻而易举的事。文化产品的生产者、经营者的合法权益得不到有效保护，也给文化产业造成负面影响。必须从根本上以法律机制保护知识产权，这涉及监控治理、原创评估、创新培育、人才引进、资本行为等多个方面，是一个系统工程。

四、处理好传承与创新的关系

原创力是文化的核心竞争力。缺乏原创是制约我国文化产业发展的重要因素。从整体上看，当前文化产业中盛行急功近利的心态，大家都想走捷径，模仿、复制人家的成功模式，很少将投资和力量放在对原创的培育和发展上。

在文化产业的起步阶段，学习、模仿是很有必要的。过了这一阶段，就要把目标定在自主创新、培育原创产品上。如果在文化产业的发展中唱主角的依然是模仿，长此以往，我们就会失去自己的原创动能！"山寨"久了，就只能做"山贼"了！除了偷窃和盗版，自己什么也做不出来，还谈什么"发展文化产业"？更不要说参与国际竞争了。

五、"艺考"大军是文化产业的后备力量

实际上，"艺考"在某些地区已经成为产业，吸引年轻人走上"星光大道"。教育部门对于社会上盲目夸大"艺考"要监管，不能只是对供需严重失调的十多个艺术类专业发黄牌"预警"；对教育与产业、教育文化与产业之间的关系要明晰，不能只以"利"为唯一驱动力。文化产业的道德运作是第一位

的。搞好与文化产业发展相适应的"文创教育"，培养创新型人才，精心打造产业后备军，提升学子的职业素养和人文品质是相当重要的。

要发展文化产业，培养创新型的人才是根本。对我国来说，文化产业是新兴产业，是朝阳产业，是充满希望的产业。我们要靠创新型的人才来把美好的希望变成现实。当前，文化产业人才的缺口很大，既懂文化又懂经营管理的人才少之又少，具有创新精神和开拓能力的人就更少了。为了适应文化产业快速发展的需要，必须大力培养创新型人才。

就此而言，我们现在的培养机制确实存在着不少弊端。考察学校教育现状不难发现，我们还没有为培养创新型人才建立系统的教育培养机制。学生的自主创新能力得不到培养。

创新人才的培养不完全是学校的责任，宽容的环境也非常重要。创新就要创造出从来没有过的东西，它不可能一蹴而就，更不可能从循规蹈矩中产生。要允许犯错才有可能创新，这就需要从政策、社会等各个方面提供宽容的环境。美国硅谷之所以成为全球科技创新的温床，一个重要的原因就是那里提供了宽容的环境，允许人们为了创新做自己想做的事。

六、完善分类数据的科学统计

文化部（现文化和旅游部）曾颁发过《文化部"十二五"时期文化产业倍增计划》，对全国文化部门管理的文化产业增值提出了倍增指标。但数据还是有"缺位"，统计口径不一现象由来已久，有关全国文化产业的各类统计数据含糊，缺乏可比性，不利于"数字化"的纵比和横比。

七、文化产业发展要注意的问题

1. 文化体制改革的关键在于解放思想

加快文化产业的发展，需要进行文化体制改革。许多人都意识到了这一点，也提出了一些具体的意见。但是，文化体制改革的关键是什么？如果不认清这一问题，文化体制改革很可能成为口号、流于形式。文化体制改革的关键还在于解放思想。思想没有解放，手脚就放不开。只有思想解放了，才能为文化产业的发展建立起有序竞争的市场机制。以市场机制刺激发展必须提倡竞争的理念。我们需要提高国有企业的市场竞争力、国际竞争力，但是在打造国企、央企"航空母舰"的同时也要给民营企业留出足够的生存与发展空间，让更多的社会力量加入文化产业，形成百舸争流的局面才能够全面推动文化产业的发展。

2. 金融资本对文化产业的支撑必须讲究资本市场与资本运作

资本是文化产业的助推剂。金融层面对文化产业的支撑不仅仅是提供一定的启动资金或运营资金，而是要让这些资金进入流通领域，带动文化产业的发展，成为"活的资本"。同时，必须合理支持发展融资渠道，不要把融资渠道局限于银行的支持与上市。同时，要防止对融资的滥用，一定要让融资真正助推文化产业的发展。

3. 发展文化产业要打造产业链

我国文化产业的产业链至今没有很好地形成。没有成熟的产业链，文化产业难以长足发展。就电影而言，我们的电影产业还停留在统计票房上，一部电影的成功与否，好像只有票房说了算。除了票房以外，电影业其他收入很少。比较一下好莱坞的电影产业，如果只看票房，整体上是入不敷出的，为什么它还有那么强的生命力？关键在于它的衍生能力。以电影为纽带，开发衍生产品、衍生服务已经成为好莱坞电影行业的惯例，衍生产品和衍生服务又带动了相关行业的发展。好莱坞电影人能够借电影赚电影以外的钱，就是因为它形成了良性的产业链。我们的电视业也存在产业链不够完整的情况，除广告外，电视业的其他收入也少。与美国的电影、电视业相比，我们需要在产业链的打造上下大功夫、下真功夫。没有产业链，到头来，发展文化产业很可能只是一句空话。

4. 海派文化是一个兼容并蓄的开放性文化

上海具有发展时尚产业的良好基础，汇聚着大批有影响的本土知名品牌和世界顶级品牌，频频举办支撑上海时尚产业的重大时尚文化活动（如服装文化节、网球大师杯），高级白领的"高尔夫"休闲消费也渐趋普及，还能凭靠十分强大的媒体传播。这些都有利于产业集群和相应的消费群体的形成和发展。时尚产业作为特色明显的都市产业，能对各类传统产业资源要素进行整合、提升后形成新的产业链，是多产业集群的新型组合，有着极高的附加值，对于满足民众审美情趣和高档（乃至奢侈品）消费具有极强的引导、培育和刺激作用。

当下发展最活跃的时尚产业领域是"六大集群"——服装服饰产业集群、电子数码产业集群、美容产业集群、珠宝产业集群、时尚传媒产业集群和影像文化消费集群。我们的产业发展研究和产业教育实践应该审时度势，瞄准这些需要重点培育和发展的领域，尤其要Hold住设计和行销，从科研和教研的整合上建立新型时尚产业发展架构，强化对时尚资源要素的挖掘和集聚，提升上海时尚产业的影响力。集中力量统一维护时尚产业载体资源，将时尚资源的保护性开发与时尚产业新潮培育有机结合，增强对时尚要素资源的集聚能力，使上海成为国际时尚信息、时尚人才培养和时尚品牌企业的汇集地。在构建符合国际惯例的时尚产业发展机制、拓宽国际时尚文化产品行销渠道的同时，要重视时尚信息发布、时尚产品推广的专业性与商业性，着力推动具有自主知识产权的本土时尚产品走向世界的发展，使上海逐步成为国际时尚展览和体验消费中心、东方时尚创意设计中心、长三角时尚贸易流通中心和国内时尚人才培养服务中心。这既是上海建设"时尚之都"的支撑，又是上海国际经济中心、国际贸易中心的重要内涵和延伸。

5. 加强政策研究

建议政府在宏观规划上海时尚产业发展大计的同时，能制定促进上海时尚产业发展的相关政策，利用市场机制，调节资源配置，为服装服饰、家居纺织、建筑设计、工业设计、环境艺术、视觉艺术、数码娱乐等相关行业建立时尚产业发展专项基金，给予时尚产业资金扶持。注意时尚产业发展的合理布局，确定时尚产业的发展龙头、重点领域，为培养国际级时尚设计师、时尚摄影师、形象造型师、时尚模特、时尚品牌策划专家打下基础，给予开发国际时尚前沿技术，培育国际时尚品牌和高新技术含量的时尚新品，培育面向国际市场的时尚企业提供方向性的政策支持。

6. 文化创意产业

曾听人说，文化、创意、产业是可以按"三个来源和三个组成部分"的思路来看待的。我认为此说法不确切。在顺序上，可以分别解释文化、创意和产业三个概念，但不能说是"文化创意产业"的"三个来源"。"文化创意产业"这个新概念，也不是三者简单地叠加。内涵增加，外延就缩小。所以，"文化创意产业"只是文化产业中的一小部分，是撤除了没创意的那部分"文化产业"之后"以文化创意"为优质内容的新型产业。譬如，上海文化产业发轫期，上海东方明珠和上海大剧院都是最先拓垦的勇士。后来驰名全国的优酷、爱奇艺、百度、阿里巴巴和腾讯成为青年人手机上的标配，每天的生活已离不开这些软件。他们从热衷于此的那一刻起就已经是文化创意产业的消费者了。

第七辑

艺术教育叙事举隅

7

讲故事是教育写作的一种叙事模式。写一写"艺术教育叙事",观察教学活动,捕捉教育经验,记录校园和园丁的闪光点,实际是在关注和研究艺术教育的情境与人的成长的关系,发现一个个教学案例中蕴藏的教育意义,传递教育的文化价值。

"艺术教育叙事举隅"的定义及特点

对教育状态的叙事，有局外观察、直接体验、心理揣摩和社会思考几种。

所谓"局外观察"，是指没有特意咨询和其他言语交往，只是静观默察原有的运行状态，做好观察资料的积累和分析工作。

"直接体验"，是指真正进入教育状态后的一种细致入微的工作方式，包括：到教室里听课；亲自授课后获得的感受；课后访谈，获悉真情实况。

对教育主体和客体的"心理揣摩"，是基于所有行为的发生，总有心理因素在起作用。针对教育者和被教育者心理特点进行悉心揣摩，胜过主观猜想。

对教育的"社会思考"，包括对以下问题的思考：大多数人对身处的教育状态持何种态度？影响教育的负面因素怎样才能有所改变？等等。

事实的积累到了性质和倾向明显流露的程度，分析有了案例和思路，客观的描述使原来的情境得以复现，使看到叙事的人感同身受，甚至也激活他的叙事愿望。这就有了写作"教育叙事"的基础和需要。

教育叙事不是一种写作任务，而是自觉的行为。

叙事要生动和典型。

除了"叙事"，我们还应该有所行动，起码要改善教师的教育策略、言语、行为，以期改善某些学生的不良习惯（包括粗言、陋习，也包括无动于衷）。

教育叙事是一种观察、思考和表达的结合，它也需要行动，包括及时肯定学生的积极行为，或当场指出学生某些积习甚至是陋习。当然，要指点学生该学习、该掌握的内容，切勿压缩或省略掉让学生自己去探索的过程；要引导学生去寻找路径、对象和办法，学会自主学习。

要了解和知道学生缺什么、需要什么。在不同的学生那里，会体现出不一样的"缺少"，如缺少愿望、缺少知识、缺少热情、缺少能力、缺少想象、缺少机遇、缺少爱等，在学生身上，这些"缺少"会不同程度地存在，有的还兼而有之。反躬自问，教师本身状况又如何？会好些吗？答案是肯定的，教师身上也会有或多或少的"缺少"。

本部分汇集到"艺术教育叙事举隅"的内容，是我有所感知和思考的几个侧面，有艺术教育的经验总结，有课堂施教的成功范例，有对艺术可教和不可教的考量，有对域外成果与本国国情结合的实践，有对自身教学的回顾，并非臻于完美，只是对过去努力的一种呈现。

《傅雷家书》对艺术教育的宝贵启示

　　重读《傅雷家书》，我感觉它不仅是家庭教育的经典、亲子爱心的范本，也能给予我们颇多有关艺术教育的宝贵启示。

　　《傅雷家书》是我国文学艺术翻译家傅雷及夫人自1954年至1966年写给孩子傅聪、傅敏的家信摘编，其中凝聚着他们教子成才的耐心、关爱和经验，袒露其精心培养孩子的心路历程。傅雷是我国文化史上杰出的翻译家，也是一位成功的教育家，他的家书，他的为人，值得我们认真反思和学习。

　　傅敏负责编辑《傅雷家书》，说他父亲是一个很认真的人，把家庭教育也当成一门学问在做，傅敏表示：在他们成长的岁月里，他不停地在反思和我们交流的得失。作为一名教师，我叩问自己：是否很认真？是否把艺术教育"当成一门学问在做"？是否经常反思同学生交流的得失？

　　在《傅雷家书》里，无数感人的细节折射出伟大的父爱。这位典型的中国父亲，把自己的教育观念用一种艺术化、家庭化的方式，内化到爱子的心里。这是一辈子也不会枯萎的"根"的培育，也是我们应该追求的"人文底蕴"。"凡是一天到晚闹技巧的，就是艺术工匠而不是艺术家……艺术是目的，技巧是手段。老是注意手段的人，必然会忘了目的。"——傅雷的家教，以家书为"教本"，远涉重洋，带着不会消散的爱的温热，成为最契合他们心怀的"学本"，鞭策其从一言一行学会做人。书中提到一个细节，傅聪通过用心学习钢琴艺术，使他既学到了技巧，又超越了纯技巧的束缚，能在键盘上弹奏出天籁之音。傅雷用工整的小楷抄写了丹纳的《艺术哲学》译文。那美丽的汉字携带着仓颉的灵感，糅合着艺术的真谛和父亲的爱，在字里行间辐射出来，进入傅聪的心源深处。

　　为了把傅聪培养成为一个世界一流的钢琴演奏家，傅雷特别注重对傅聪综合素质的培养。我们从傅雷寄给傅聪的书籍和资料以及书信里推荐的书籍和资料里，就能窥见傅雷具有远见卓识的科学教育理念。其中有文学、哲学、美学、音乐名著和名人传记，如英国作家莎士比亚的剧作，萨克雷的《名利场》，法国思想家、文学家罗曼·罗兰的《名人传》《约翰·克利斯朵夫》《古代音乐家》，巴尔扎克的《夏倍上校》《幻灭》《高老头》，英国哲学家罗素的《幸福之路》，法国丹纳的《艺术哲学》，美国电影艺术家查理·卓别林的《卓别林自传》，等等。还有中国古代诗词作品、笔记小说、中国文学史、近代美学、现代小说及古今中外的戏曲脚本和绘画、雕塑等。

傅雷要求傅聪阅读的艺术人文方面的书，从各个门类的专业角度看，都是一流的作品。培养一个音乐家、钢琴演奏家，需要学习那么多其他专业的知识吗？"我始终认为弄学问也好，弄艺术也好，顶要紧是human，要把一个'人'尽量发展，没有成为××家××家之前，先要学做人，否则那种××家无论如何高明也不会对人类有多大贡献。"在这里，傅雷强调了"通"与"专"的关系，也就是综合素质的培养与专业技术学习的关系。傅雷在这段书信里还特别强调了"人"的充分发展是极其重要的。也就是说综合素质的培养会影响一个人整体生命质量的提升。这正是直接影响一个人专业技术水平的基础和前提。

在这一段书信中，傅雷连傅聪穿衣戴帽、站姿、吃饭时刀叉的摆放以及演奏时的表情细节都严格要求。这方面也是许多现代家长对傅雷教育理念持异议的地方——"这样苛求，有必要吗？"

傅雷深知，钢琴演奏是西方发达国家十分高雅的音乐活动，是上流社会公共场合严肃的人文交往仪式，即使在私人举行的家庭聚会上，若能弹得一手好钢琴也是一个人素质和教养的体现，尤其是在英国，大多数人都是清教徒，他们对世情俗务的要求都十分严苛。来自发展中国家的傅聪必须对自己的演奏有更高水平的要求，才能征服西方人。因此，傅雷素来看重日常行为习惯对傅聪艺术水平的影响。

傅雷在1956年2月29日夜间写给傅聪的信里，有这样一段话："有件小事要和你谈谈。你写信封为什么老是这么不neat（干净）？日常琐事要做得neat（干净），等于弹琴要讲究干净是一样的。我始终认为做人的作风应当是一致的，否则就是不调和；而从事艺术的人应当最恨不调和。我这回附上一小方纸，还比你用的信封小一些，照样能写得很宽绰。你能不能注意一下呢？以此类推，一切小事养成这种neat（干净）的习惯，对你的艺术无形中也有好处。因为无论如何细小不足道的事，都反映出一个人的意识与性情。修改小习惯，就等于修改自己的意识与性情。所谓学习，不一定限于书本或是某种技术，否则随时随地都该学习这句话，又怎么讲呢？我想你每次接到我的信，连寄书谱的大包，总该有个印象，觉得我的字都写得整整齐齐、清楚明白吧！"

显然，他认为一个人意识与性情的"修改"，必须从日常行为习惯的"修改"开始，一个人严谨作风的培养，也必须从日常小事和行为细节开始，而这一切会直接影响傅聪艺术水平的提高。

为什么这么严格？为什么这么细致地写信谈论为人为艺之品性修为？有一次，傅雷对儿子袒露心声："第一，我的确把你当作一个讨论艺术、讨论音乐的对手；第二，极想激出你一些青年人的感想，让我做父亲的得些新鲜养料，同时也可以间接传布给别的青年；第三，借通信训练你的——不但是文笔，而尤其是你的思想；第四，我想时时刻刻，随处给你做个警钟，做面'忠实的镜子'，不论在做人方面，在生活细节方面，在艺术修养方面，在演奏姿态方面。"

《傅雷家书》不仅是傅雷的"谈艺录"。傅雷即便是谈艺，也把德放在第一位。傅雷平均每个月写三封长信，每封信平均有三千字。日积月累，汇成厚厚的《傅雷家书》。信中的内容，除了生活琐事外，更多的是谈论艺术与人生，灌输一个艺术家应有的高尚情操，让儿子知道"国家的荣辱、艺术的尊严"，做一个"德艺俱备，人格卓越的艺术家"。傅雷注重对"艺术学徒"的道德教育。这方面的具体内容，可概括如下：

1. 淡于名利

"希望你能目光远大，胸襟开朗，我给你受的教育，从小就注意这些地方。身外之名，只是为社会上一般人所追求，惊叹，对个人本身的渺小与伟大都没有相干。孔子说的'富贵于我如浮云'，现代的'名'也属精神上'富贵'之列。"

2. 自我批评

"有自信同时又能保持自我批评精神。的确如你所说，是一切艺术家必须具备的重要条件……'文章千古事，得失寸心知'，哪一门艺术不如此！"

3. 谦逊

"遇到极盛的事，必定要有'如临深渊，如履薄冰'的格外郑重、畏惧、戒备的感觉。"

4. 认真

"翻译工作要做得好，必须一改再改三改四改。"

5. "通"

"为学最重要的是'通'，'通'才能不拘泥，不迂腐，不酸，不八股；'通'才能培养气节、胸襟、目光。'通'才能成为'大'，不大不博，便有坐井观天的危险。"

6. 不操之过急

"要有耐性，不要操之过急。越是心平气和，越有成绩。时时刻刻要承认自己是笨伯，不怕做笨伯，不怕做笨功夫，那就不会期待太切，稍不进步就慌乱了。"

7. 赤子之心

"永远保持赤子之心，到老也不会落伍，永远能够与普天下的赤子之心相接相契相抱！你那位朋友说得不错，艺术表现得动人，一定从心灵的纯洁来的！"

傅雷的这些论述，可以成为学艺爱艺的青年思想修养的"标的"和激励。我读《傅雷家书》里这么多的经典段落，着实得到教育，受到启迪：我们平时引领学生往艺术人文路上走，也毋忘投入我们自己的思想情感，与年轻学子的心联通起来，使教育的管道能贯通，教育的内涵能渗透，人文熏陶能达成。心灯拨亮了，学习技巧才有持久的动力源。心灯不亮，所有的教育话语、苦口婆心全都无用。无论是修炼有为的"社会人"，还是技能娴熟的"职业人"，或心灵闪光的"审美人"，都是要以思想人文品位作为根基的。这是我们应该悉心解读《傅雷家书》的原因。

康定斯基面对交"白纸画"的学生

在德国包豪斯任教时，一次，一个学生把一张白纸当作业交给了康定斯基，还彬彬有礼地对老师说："我终于画成了一幅绝对纯粹的画，里面绝对空无一物。"

康定斯基把这幅"画"立在大家面前，先是肯定地说："这幅画的尺度是对的。你想画出世俗的感觉。世俗的色彩是红色。"然后，问这个学生："你为什么却选用了白色呢？"当学生回答说"因为白色的平面代表空无一物"时，康定斯基开始发挥他的教学智慧，顺势说："空无一物就是极其丰富，上帝就是从空无一物里创造了世间的万物。所以嘛，现在我们要从空无一物里创造出一个小小的天地来。"他一边说，一边拿起画笔，在白纸上相继点出了红、黄、蓝三个点。

这个学生后来描述了自己的所见与所感，语气里带着惊叹："他在白色的平面上画了一个红点、一个黄点和一个蓝点，在旁边渲染上了一片艳绿色的阴影。突然之间，一幅画就出现了，这是一幅恰如其分的画，这是一幅精妙绝伦的画。"

我在弗兰克·惠特福德所著《包豪斯》一书中读到这一段时，停住了，我仿佛看到了一堂完整的示范课。经过一番沉思，我写下如下这番话语来表达我对这则"艺术教育叙事"的理解：

艺术教育课怎么上？当学生的表现不合教师事先的意图和意愿时，教师应怎么说，怎么教，怎么扭转局面，才能引导课堂步入良好的甚至是超出意料的境地，这是康定斯基这位艺术教育大师给我们的真实演绎。这是他得心应手地运用教学艺术和技术的真实写照和成功范例。用今天的话来说，这是一堂优质的"翻转课"，连学生的当场反馈都在里面。

第一步，面对学生的任性、调皮、敷衍甚至有点挑战的表现，康定斯基沉着而机智地先肯定了他（"这幅画的尺度是对的。你想画出世俗的感觉"）。这种稳当的气度，使自己和学生都不至于失态。

第二步，康定斯基把话头一转，一句陈述（"世俗的色彩是红色"）和一句反问（"你为什么选用了白色呢"）相配合，让学生说出他的想法（也许学生有学生的道理呢，不妨听学生说一说），再择机加以引导。

第三步，听学生陈述的理由（"因为白色的平面代表空无一物"）。不能说学生交白纸画是颟顸。"空无一物"的说辞，正好给了康定斯基一个接下去说"空无一物就是极其丰富"，以实现顺势反转的机会（借上帝的创世神话，言简意赅地道出从"空无一物"到"创生万物"的道理，并以边说边画的现场讲解法，把学生的视线引向观摩——看怎样"从空无一物里创造出一个小小的天地来"）。康定斯基的自然哲学和绘画思想，可谓既通透，又通俗。他不允许学生违背他认定的绘画经验，但他不是压服、灌输，而是因势利导，以自己的教学技术和艺术表现折服人。

第四步，学生那段回忆和赞美的话语，就是对康定斯基实施艺术教育成功的最好反馈！

第五步，我们要记住，康定斯基是怎样把一幕看来有些糟糕的教学场景，通过智慧的教学语言的点拨和"红、黄、蓝三原色"的点化，演变成精彩绝伦的画面的！

我蓦地生发出一段"相似联想"：后来那些创作了另类现代艺术作品的反叛者——20世纪50年代，凯奇那首有标题的所谓音乐作品《4分33秒》，由钢琴家克莱曼坐在钢琴旁，佯作"弹奏"，4分33秒静默不语。他那"无声的音乐"，不也是交出了"空白卷"吗？

康定斯基是他那个时期著名的抽象画派代表人物之一。他的非写实构图，被时人认为是艺术史上的首创。康定斯基相信：未来的艺术形式将会把各种艺术手段结合成一体，并且会超越所有单一种类的艺术手段，产生壮丽的综合成果。他碰到任性的学生，不会抽象地教训，而是很用心地、艺术地对其加以引导，直到学生信服地看到一幅"精彩绝伦的画"诞生，教育目的就达成了。

古希腊艺术教育的启示

　　古希腊的教育源远流长，其中艺术教育的含金量很高，也成为希腊宝贵的文化遗产。希腊艺术之所以魅力永恒，很大程度上是因为其彰显了古希腊城邦的自由精神。希腊艺术教育的传统一直延续至今，艺术底蕴深厚。古希腊的柏拉图学园、亚里士多德学园、萨福的女子学院，都曾认真探寻过教育之路。无数艺术家和哲学家，在为后人留下灿烂的思想文明和艺术精神之时，也作为教育家播撒了艺术教育的种子。我们可以学习他们的经验，结合本国的国情，把我们自己的艺术教育办好。

　　据了解，我们国内已经有在这方面引进资源、兴办艺术教育的实践。例如，在四川成都地区，有一家立志把古希腊音乐戏剧教育带到中国的机构，就办了一所面向儿童的"缪斯学院"，开出了仿古希腊的艺术启蒙课程。此前，主办方派考察人员去往希腊，与艺术家们和雅典大学、伯罗奔尼撒大学的教师们一起讨论开发适合中国孩子的课程。他们还去雅典的一所学校观摩希腊音乐家们的"校园音乐会"。6岁到8岁的孩子，坚持上哲学课，很是令人惊讶。家长们也坐在下面听孩子们进行哲学辩论，大人小孩都兴致勃勃，孩子们尤其为自己经过一学期的学习有收获而开心。学校请了几位音乐家来演奏，整场音乐会，观众席上三四岁到十多岁的孩子们，始终安安静静地聆听欣赏。音乐会结束后，他们才跑到台上，近距离感受他们从来没有见过的乐器。据主办方介绍，6岁是儿童开始接受艺术启蒙的最佳年龄。一般，古希腊人让自己的小孩从6岁起学习诗歌和音乐，以此培养他们健康的心灵、敏锐的美感、理性的精神和智善合一的品德。在诗乐艺术中，古希腊的里拉琴是最为主要的引导乐器。琴声温暖而光明，能触碰儿童灵魂，为孩子们开启自由的精神和心灵，让他们学习怎么把内心的情感和想法表达出来。总之，音乐、诗歌和舞蹈是古希腊人认为最重要的三种艺术，可以开启心智、激发潜力。

回国后，"缪斯学院"精心策划，举办了一场"古希腊音乐神话亲子活动"，受到了很多家长的关注。学院两位教师分享了来自古希腊的音乐和神话故事，把传说中的"太阳神诗琴"也带到了大家面前。参与活动的小朋友们饶有兴致地尝试弹奏里拉琴，跟着老师学跳希腊舞。活动现场，家长们对于"缪斯学院"的教育理念表示赞同，也希望自己的孩子能通过游戏化的学习方式，接受古希腊音乐戏剧教育"以美启智"和"以美养善"理念的熏陶，启发艺术天赋，培养艺术修养和创造能力，成为"美善兼备"的人。

艺术教育工作者必须明白，孩子们具有大人所不具有的艺术感知和即兴学习能力，我们应该顺势而为。如果我们的教育只是对孩子施加层层约束，最终会使他们失去这些能力。艺术教育更是要用好艺术载体，避免过多的限制和程式化的培训，尽力呵护孩子们的艺术天赋，鼓励他们表达情感，引导他们即兴学习创造，在轻松快乐的环境里为实现全面的个人成长打好基础，最终成长为既有独立思考能力又有深厚艺术素养的人。

按此思路，"缪斯学院"建构了如下课程：

一、"古希腊诗琴"课程

课程内容：古希腊里拉琴弹奏、诗歌吟唱、诗歌创作、音乐欣赏与聆听。

课程实施：主要是按古希腊对儿童音乐启蒙的方式，以学习弹奏诗琴（古希腊里拉琴）为引导，通过游戏化的方式，让孩子掌握基本的音乐调式与节奏，启发孩子对音乐的感知和认识。除了弹琴，还让孩子吟唱《荷马史诗》和萨福诗歌。通过诗歌的韵律与美感，引导孩子理解其意，并发挥各自潜力，即兴创作自己的诗歌。此外，还开展音乐欣赏和户外探索等活动，让孩子们学会倾听多样化的音乐，用里拉琴自由表达自己的心声。

二、"希腊神话故事"课程

课程内容：希腊历史和文化、故事创作、艺术鉴赏。

课程实施：主要通过阅读古希腊神话文本、鉴赏文艺复兴名画、讨论故事和玩情境游戏的方式，让孩子深入浅出地学习、了解希腊以及西方文化。孩子们可对其中感兴趣的主题做进一步探寻，可创作故事、音乐、绘画、舞蹈等作品，或进行演讲，等等。

艺术教育这件事，有教育总比没教育好，关键是要得法。儿童在启蒙期接受良好的家庭教育很重要。我们大部分人，小时候家境并不一定好，但父母都会支持我们的学习。陈丹青常说，他9岁时得到的第一本书，是有关美国画家画马的技法大全的书。他爸爸看他实在喜欢，就买了那本书。陈丹青说自己到现在还能画得出马的骨骼。他当然不是主要画马，画马出名的是徐悲鸿。他的人物油画很令人称赞。他还画西藏农民，画清华国学院五大导师（赵元任、梁启超、王国维、陈寅恪、吴宓），从左往右，一字排开，布局构图精当，人物神态各异，典型"民国范儿"。为了画好这幅历史人物画，他还去清华校史馆踏访。

用"八字法"赏析绘画作品

中外名画都是经典之作，要教会学生欣赏。鉴于学生对艺术作品特别是中外经典美术作品的了解甚少，我自己在中外美术史中寻找了100幅经典作品，编著了《中外百幅名画欣赏》的校本教材，配以精美作品和文字，让学生在3年时间里初步了解中外经典名画。很多时候，学生对于名画也是一翻而过、一眼飘过，根本做不到细细品味鉴赏。经一番实践探索，我总结出了欣赏美术作品"八字法"，即感受、理解、描述、评论，配合《中外百幅名画欣赏》教材，效果很好。这项研究性教学成果获得中华人民共和国教育部艺术教育司教育成果论文评选二等奖。

一、感 受

必须先进入状态，静静地观赏名画。视线在画面上慢慢移动，细节部位须细观，以发现特征和特色。这第一步是直觉感受，不需要复杂的理性认知。

二、理 解

调动知识积累和理性思维，揣摩画面含义，从内容和形式角度去探寻画家意欲表达的思想意义。理解的侧重点应放在画家的创作风格、流派、表现手法上。要多看、多想、多交流，了解画家的创作背景和时代思潮，拓宽认知面，以加深理解。

三、描 述

有了感受，形成可以言说的观感，要能把它说出来，找到能表达自己真切感受的语言，进行讲述、描述，要避免浮光掠影、人云亦云。

四、评 价

根据以上几个阶段获得的理解，做出更加明确的价值判断。教师的评价意见可以起引导和参考作用，但不能取代学生的观感、观点。

以米勒《拾穗者》的赏析为例：

有的学生从画面的安排着眼，认为画家把三个拾穗的普通农妇当成主角，放在画幅前景中央，横向布局，细节描绘清晰，体现他对劳动者生活疾苦的关切。丰收是属于农场主的（背景图右侧后面，骑马督工者）。画家这样处理，表达了他和普通农民休戚与共的立场。

有的学生表示，看画中拾穗者的脸部，尽管被遮掩了些，但从表情、神态和动作看，还是平和的，看不出悲伤，也看不出喜悦。右侧那个直腰欲立者，显得更疲累些。她们只是凭劳动拾取一些穗粒，聊补无米之炊。以所收集的资料作为佐证（米勒本人很反感有些评论家把《拾穗者》理解成"控诉贫困"），对此画以取"中性"的价值判断观点为宜。

有的学生从色调运用做比较，说在画册上看不真切，因为有的印得比较明亮，麦垛高高，田野黄黄，前面右侧拾穗农妇的布袋那一抹金黄色也比较耀眼。所以，画面基调看上去并不压抑，不宜做悲观理解，当然也不能将其视为田园抒情之作。而有的画册却印出了暗黄色，比较沉闷、抑郁。不知到底何种色调为真。有机会还是要进美术馆看原作。

学生的这些短评，是把自己的所见、所感做了扼要的表达。学生各抒己见，互相交流，打破教师的"一言堂"。

还有一例，是拉斐尔的《雅典学院》。教材印刷美观，视觉效果好，画面呈现有整幅、有局部，便于学生观赏、描述、理解和评价。

有位老师听我介绍"八字法"，建议把see和say结合进去，也就是让学生面对名画能读画、能说画。通过讨论，我采用了边看边说（see and say）的方式。学生的课堂表现如下——

A同学说：当时的拉斐尔，年轻有才，善于描绘大场面，表现众多人物，展现了文艺复兴时期古希腊的人文风貌。处于画面中央、气宇轩昂地走向前来的是柏拉图（右手指上）和亚里士多德（右掌向下），他们好像在说着他们各自的思想言论。两人左手都夹着一本厚书，那一定是他们的著作吧。他们备受周边人群的瞩目，可见其学术威望，为世人所敬仰。

B同学说：我听老师上课说过，这幅画里有苏格拉底。就是柏拉图右手边的那位穿土黄色长袍的老人。我指给大家看——那是苏格拉底，他似乎在向人解释着什么问题。

C同学说：我看到的是第四级台阶下，我们左手这一侧，拉斐尔画了一组以数学家毕达哥拉斯为中心的群像。毕达哥拉斯打开一本书，他前边有一位女士扶着一块演算图示板，他身后有一位秃头老者边瞅书边记录。新的数据快演算出来啦！

D同学说：大家看我们右手侧，是另一组人像，中心人物是几何学家阿基米德。他弓着腰，用圆规在小黑板上画圆，周围人有密切关注的，也有互相交谈的。他的身后有个身披黄袍、头戴桂冠、手持地球仪的人，据说，是天文学家托勒密。

E同学说：台阶上，还有一位左肩裸露的半穿蓝衣的秃发老人，斜卧着身，左手举着张纸在看，据说他是孤僻的犬儒学派哲学家第欧根尼。他的右手边，坐在台阶下的，左手支着脸、倚着石桌凝神思考的人是哲学家赫拉克利特。

F同学说：听老师讲过——拉斐尔把他自己也画进去了。他在哪个位置呢？就是我们右手边，倚着有花纹的矮立柱站着的，那个穿白袍、戴白帽子的青年。

通过这种方法——看、说，学生把画面基本熟悉了一遍。接下来，就可以谈理解和做评价了……

追问艺术教育

其实，向"艺术"发问是不恰当的。要问的是艺术家能不能教得出来？艺术生能不能教育成才？

一定要向"艺术"发问，只要往艺术的遥远发源地回望即可看到，最初的艺术滥觞，并不是教出来的，是"无师自通"做出来的，也可以说是面向上天"仰观垂像"学来的。

美国芝加哥艺术研究院艺术史、艺术理论和艺术批评系教授詹姆斯·埃尔金斯写的*Why Art Cannot be Taught*，书名中译，应该是《艺术为什么不能教》，却被译成了《艺术是教不出来的》。詹姆斯说自己原本应将书命名为《怎样教授艺术》，但他对艺术院校有悲观的看法，他认为，无论艺术能教还是不能教，"我们对怎样教或学都知之甚少"。"艺术教育中发生了无数有价值的趣事，我也不断地经历着它们并始终相信它们，但我认为这当中并不包括教授艺术这件事。"詹姆斯着重探讨了艺术评论的教学，并提出了建议。他说："建议的目的并非要改变现行课程，而是提供路径，观察我们在做什么。虽然当代艺术教育并不能马上找到一条康庄大道，使之成为定例，但有很多方法可以让我们对其进行回顾和分析。"

詹姆斯这本书的有些章节和语段写得比较迂回和盘绕，而对于教学中的"艺术评论"，则是比较能切中要害。他列出了评论之难以理解的主要原因，其中之一是"批评都太短了"。他举了许多教学实例，有时也用他自己的例子来说明问题。针对学生作品的评价，他尤为认真地指出了常见的纰漏。在批评"一般说来评论都太短了"时，他对教师怎么评、怎么说都有具体的时间统计：5～10分钟先看作品，在边上走来走去；几分钟的注视后，表示"喜欢""有趣"或"还没完全搞明白"（他曾经列出艺术评论最常使用的十多个词语，如有趣、逼真、新颖、动人、精彩、刺激、漂亮、完美、形象鲜明、有创造力、令人愉快、令人激动、有力度、有难度等）。教师真正要评论、分析了，时间又很短，不能从容地探讨，如果再要学生表述，更是会缩短时间。有些评价不知所云，或只是指出简单的错误，使审慎的询问无法实现，在沉默、重复、听错或看错之余，几乎没有时间去做出深思熟虑的评价。这对学生并无帮助。有学生向老师抱怨，讨厌花一个钟头谈论另一个学生用不到20分钟拼凑出的作品。詹姆斯出示了一段他自己的评论话语，然后自我批评道：当我看到自己的发言被转录成书面语，我根本无法理解它们。他反省说："当一个人发言时，他的话听起来似乎出自完整的思想，实际上它完全是另外一些尚未完全成形的想法的草稿。"他还举例说，教师在一年的课程中放了几千张（多则上万张）幻灯片，很可能只有极少数会对学生的作品产生重要影响。他因此说这些基本研究课是无法教的，除非"教"的定义十分松散宽泛。

在詹姆斯看来，"教"是"有意为之"的，而不是随意或偶然的。老师说学生的作品很像某位艺术家，是想让学生有收获，这就是"有意为之"。如果，老师只是在与学生谈话时偶然提到了那位艺术家的名字，学生因这句话而去看了艺术家的作品，老师也会为学生如此上心而感到惊奇。詹姆斯认为，在视觉艺术中，不用语言的方法才是最好的。因为艺术教育从根本上说是灵感问题，不适合理性分析。

詹姆斯认为，由于对教授艺术有不同理解，教师们用各种不同的方式工作着。他引用教育家科南特的话：艺术当然不能被"教授"，艺术家也无法被"教育"。但科南特还说过，好的老师可以将学生带到"门槛"前，由学生自己"跨入"或"遨游"于艺术中。

辩证、公允地说，所谓艺术"教得出来"或"教不出来"，都不能一言以蔽之，正例、反例都是举得出来的。研究典型个案更有价值。例如，傅雷早年留学法国，到巴黎大学听文学课，再到卢浮宫揣摩世界名画，加上学习了法语，他在美术史研究及名画鉴赏素养方面得到充分提升，既能翻译法国文学名著，又能到上海美专教授美术史。他的讲义后来被印成名著《世界美术名作二十讲》。由于傅雷教子有方，加上傅聪自己的天赋和努力，聪颖、灵动的青年钢琴家便应运而生。这些范例证明，文学也好，艺术也罢，只要教学相得益彰，都是可以教出来的，也是可以学出来的。

由"艺术是教不出来的",想到还有所谓"作家是教不出来的"说法,其思路如出一辙。王安忆在复旦大学任教授,开设小说课程,培养了不少青年作家。分析其成功的原因,不否认学员有天赋,但也不能抹杀教育者的经验以及各方面的配合(包括教育制度和出版界的支持)。美国的创意写作也是很好的例子。聂华苓领衔创立的爱荷华大学"作家工作坊"(1936年成立),在实践中摸索出一套有效的教学方法,成为培养专职作家的平台,为怀揣"作家梦"的青年提供良机。这对不同"文化圈"的写作爱好者来说,都是一种难得的机遇,对他们的创意开发都大有裨益。哈金和白先勇都得益于在此的受教历练。

傅雷在《世界美术名作二十讲》一书的自序中说:"至欲撷取外来艺术之精英而融为己有,则必经时势之推移,思想之酝酿,而在心理上又必经直觉、理解、憬悟、贯通诸程序,方能衷心有所真感。观夫马奈、凡·高之于日本版画,高更之于黑人艺术,盖无不由斯途以臻于创造新艺之境。"这正揭示了学艺得道之真谛,值得回味。

艺术教育读思笔记

8

子夏问："《诗经》上说'嫣然一笑，姿态曼妙；秋波流转，黑白粲然；素地洁白，五彩绚烂！'这是什么意思呀？"孔子说："好比绘画，先要有白色的底子，然后才能画出美丽的图案来。"子夏说："那么，礼是不是在仁德之后呢？"孔子说："能启发我的是你卜商啊！可以开始和你讨论《诗经》的道理了！"

"惟江上之清风，与山间之明月，耳得之而为声，目遇之而成色。"将自己置于空旷、简单的自然世界之中，最本真的一面才得以显现出来，于是才有了苏轼与自然的对话、苏轼与自己的对话，促成了一次思想和性格的生长。

文化、人生和情趣

学界对于"文化"的诠释，林林总总。学者们的解说有简有繁，观点各异，数不胜数。读钱穆先生《文化学大义》一书，看到了他对"文化"颇为恰当的概括。择其要义，把关键词句组合起来，即可得一精练的观点表述：文化是指"时空凝合的""集体的、大群的人类生活之各部门、各方面的整一全体"。空间性的、地域的集体人生，以及时间性的历史发展和演进，两者合成，即"时空凝合"之意。钱先生此说的特点是把文化和人生一起讲，认为对人类文化做横剖面研究，是把多方面的人生分类；对人类文化的直线研究，是把长时期的人生分段。由是，钱穆先生分出文化的三阶层，即"物质的""社会的""精神的"；继而又把人生也分为"小我人生""大群人生""历史人生"三阶层。

钱穆先生还有一个新观点，是从源头上把世界人类文化分成三大类型，即游牧文化、农耕文化和商业文化。为求精练，又可将其概括为"农业文化"和"游牧—商业文化"两大类型。前者是自足的、安分的、向内的，后者是进取的、扩张的、向外的；前者是"天人合一"的，后者是"天人对立"的；前者注重时间的向后绵延，后者注重空间的向外扩展。按此观念和逻辑，钱先生认为，上述两大类型的文化，先是因客观自然环境之不同而引出生活方式之不同；后又因此而引出观念、信仰、兴趣、行为习惯、智慧发展乃至心理和性格的种种不同，引出文化精神之不同。

高屋建瓴、剖分清晰是本书论述的两大特点。以上内容，到第32页，已经论述完毕。从第33页开始，把人类文化喻成"七巧板"，即"文化七要素"（具体指经济、政治、科学、宗教、道德、文学、艺术）是可以经过配搭而形成诸种异态的。这七要素，就是前面下定义时说的人类文化的"各部门"和"各方面"。人类历史可以把它们搭成各种花样，其地位与功用、意义与价值亦随之不同。

在读钱穆先生这本书的时候，当我看到第49页上有一段话说到"文化第三阶层之终极理想，应该是一个艺术与文学的世界与人生"时，觉得有意思。继续读下去，听先生动情地说下面这段话时，顿觉情趣漾出："那时，则整个自然全部艺术化，整个人生全部文学化了，那多么有趣味，多么富情感呀！"他认为，"唯物的生产，生产不出人生情趣，生产不出人生真理来"。艺术偏于趣味，文学则偏于情感。这两句话说得有点绝对，此是此、彼是彼似的，但他接下来说的"人生要求有趣味，更要求有情感"则是在理的。人生就是要过得有情趣，像尼采所说的"就算人生是个梦，我们也要有滋有味地做这个梦，不要失掉了梦的情致和乐趣。"

追溯艺术的"童年期"

1917年，蔡元培在北京神州学会发表演讲，正式提出"以美育代宗教"。梳理一下这篇不很长的讲演词，可了悟元培先生用大量事例论证所引出的道理。我对其浓缩提炼，得其大意是：人处于未开化时代，知识、意志和情感皆附丽于宗教。人蒙昧时，对外部世界无知无识，意志薄弱，精神混沌，情感也容易受刺激、被诱惑。彼时也没有别的文化力量与宗教相对，人类于是只得选择信仰宗教，皈依之，以求生存。随着社会进化、科学昌明，尤其是文艺复兴以后，知识、意志和情感渐次离开了宗教而崇尚人文。过去受附丽宗教之累，美术失去了陶冶情感的作用，现在可以舍宗教而易以纯粹之美育。美具有普遍性，天地万物，"以审美之观念之，其价值自若"。观植物之花，听善歌之鸟，隔千里共明月，小雅之怨悱，屈子之离忧，还有悲剧和滑稽之美，均特别感人，且能陶冶人的性灵，使人日近高尚。由此观之，"以美育代宗教"，不仅是可以的，也是应该的了。这是教育家审时度势、精于文化抉择的明智之举。

读元培先生的这篇演讲词时，我在想，追溯艺术之缘起，实际是野蛮人无意中创造了最初的文明因子。如先生所说，野蛮人乐此不疲地跳舞唱歌，以及在居室（洞穴）里创作雕刻图画，"虽石器时代之遗迹，皆足以考见其爱美之思想"。他统称"未开化人之美术"，在指明此乃"人情之常"时，已经流露上古时期人类祖先美学思想的萌芽。

上古时代的美术在被宗教利用时，元培先生说是"附丽"于宗教。其实，再早些，那些歌舞、涂鸦、龟甲占卜，以及采自动物和天象的图腾设计，都是"附丽"于巫术的——它们是与方术、风水、谶纬联系在一起的身体或图像符号，逐鬼又祛疫，娱神也娱人，几种功能融于一体。想起威尔斯在《世界史纲》里说："旧石器人比新石器人当然是个更野蛮的人，但又是个更自由的个人主义者和更有艺术的人。"原始人究竟是"个人主义者"，还是像日本学者松村武雄说的"几乎没有个人的意识，却常受集团心理的支配"？这尚不能确知，但可以肯定，他们在取材制作工具，观察自然物的形形色色，用来"搞自己的艺术"时，是很自由的。

在艺术萌生的"童年期"，除了有巫术，还有神话。学者们把最古老的神话看作艺术的"童年"。远古神话，多么精彩的故事啊！多么强大的叙事能力啊！然而，一概没有标识作者是何人，能说出是产自哪个地区和民族以及大致是哪个时期的作品，就已经是不小的线索了。神话的故事和人物语言是那样吸引人，对它们的本意或寓意，我们不一定全都弄得清。拉法格说："神话既不是骗子的谎话，也不是无谓的幻想的产物，它们不如说是人类思维的朴素和自发的形式之一。只有当我们猜中了这些神话对原始人和它们在许多世纪以来丧失掉的那种意义的时候，我们才能理解人类的童年。"

艺术的"多义"不掩其"补造化"之功

　　哲学派美学家韦兹在《理论在美学中的作用》一书里说：我们所要开始的问题不是"艺术是什么"而是"艺术究竟是何种概念"。他们常常以这样的方式和策略，想要把人们关注的问题推到一边去。然而，人们依然要问"艺术是什么"。

　　艺术究竟是什么呢？我到朱立元所编《艺术美学辞典》里检索，见有关于"艺术发生""艺术起源""艺术史""艺术美学""文艺美学""审美学""艺术学""艺术规律""美感教育"等词条的释义，林林总总，唯独没有对"艺术"概念的诠释或明确定义。我想，不会是多得无法尽述、无法规整，而有意回避吧？

　　我们现在应该知道，"文学"仅一支，"艺术"乃大族。"文化"，更是个大词，高居"上位范畴"。它们一层套一层，上大下小，流传至今，依旧响当当，足见都是些好名字。考文明造化之轨迹，物与名的创生是从最初的"无"到后来的"有"和"多"的符号史。用钱锺书《管锥编》里的话来说，是"大道真宰无名复多名"（第一卷第42页）。此论甚为确当。

　　我们现在来说艺术。它是什么时候诞生的？在它以"无名之相"面世的时候，它从哪儿来？它的作者是谁？那都是谜。当伐木者淌着大汗发出有节奏的"杭育杭育"之声，当狩猎者围着篝火舞动手足腰肢时，他们实际已经在创作后来被称为歌、舞之类的东西，但作者籍籍无名的状态还要延续很久很久。因为还没有文字，混沌中还没有放出光明。等到神说"要有光"而且"就有了光"，有了天地万物宇宙世界之后，有了诸神，也规划好要有"缪斯"女神（她们是希腊神话中的九位女神的总称），她们先在天庭诞生，然后下凡到人间主司艺术和科学。无论是用希腊语Moual，拉丁语Musae，还是英语Muses，

"艺术"的桂冠终于打造出来了，称谓也有了。在《荷马史诗》里，她们有时出来一个，有时出来几个，翩翩起舞，并赐歌手以灵感。在中国，一首最短的古诗《弹歌》问世，虽然那时没有所谓标点，一共就八个字（断竹续竹飞土逐宍），但已经能描述狩猎工具的制作、捕猎的过程及成果，尤其是《弹歌》标志着有史以来第一首"诗歌"诞生了。在西班牙阿尔塔米拉洞穴里，狩猎者自己找来各色石块磨成粉，和着洞外的雨水或溪水，拌成最初的颜料，用树枝绑上兽毛当画笔，凭着记忆，在洞壁上画出狩猎图。这是无名氏创作的原始壁画，不可谓不伟大、不杰出！随着人类文明的逐步发展，各种作品多起来，门类也丰富起来，对创作起源的考古发掘和对作品类型的文化研究得以开展，人们的言辞中，也自然而然地出现了对"诗歌""音乐""舞蹈""绘画""建筑""戏剧"的定义和命名。这一类、那一类的作品多了，又具有相同特征时，就会被学者"统整"起来，可有"艺术"，前面加上修饰限制语，可有"语言艺术""视觉艺术""听觉艺术""舞台艺术""形体艺术""平面艺术""立体艺术"等，这就是渐进式地对艺术世界的丰富认知。

钱锺书《谈艺录》第十五节，从李贺"笔补造化天无功"一语，铺展开一篇绝妙文字。他说："百凡道艺之发生，皆天与人之凑合耳。顾天一而已，纯乎自然，艺由人为，乃生分别。综而论之，得两大宗。一则师法造化，以模写自然为主……二则主润饰自然，功夺造化。"钱先生认为，此二说看似相反，实则相成。自出心裁者，可"修补"自然，但不可尽离之。"盖艺之至者，从心所欲，而不踰矩；师天写实，而犁然有当于心；师心造境，而秩然勿倍于理……造化之秘，与心匠之运，沆瀣融会，无分彼此。"这段妙语与"人事之法天，人定之胜天，人心之通天"成佳构宏论。

学者们怎么开启对艺术的讨论

在培根《学术的进展》第二卷读到这样一段话，"在所有的论战和辩论中，我们有必要效仿数学家的明智之举，在一开始就把我们所用的词语和术语的定义明确下来，这样别人就可以了解我们是怎样理解的，就可以决定是否同意我们的理解；反之，由于开始没有明确的界定，在我们认为应当结束的时候却必须重新开始，也就是说，争论了半天，才明白大家争论的问题和所用的词语原来是不相同的。"这倒是提醒我关注以前读书时曾经发现的现象，即某些作者有这样一种著书习惯，其研究艺术的过程和表达这一研究成果的叙次是不尽相同的。譬如，苏珊·朗格写她那本研究符号主义美学的专著《情感与形式》时，在导言里就跟读者打招呼说她一直要到第二十章才能给出关于"符号"的定义。她做如此安排的理由是，"在本书第一部分，我们还不能进行这种探讨，因为在弄清它们的用途之前，进行全面、一般的论述是不可能的。但是，到最后，我们就必须接受认识论提出的挑战了。"

无独有偶，比苏珊·朗格早60年，1893年时，德国艺术史学家格罗塞在《艺术的起源》一书的前三章，分别论述艺术科学的目的、艺术科学的方法和原始民族，到第四章才以"艺术"为题，写了四页正文附加九行小字注释。随后便转入第五章（人体装饰）。他说："关于什么是艺术这个问题，必须等到现在还未开始的这种研究终结之后，才能得到适切而完美的答案。至于我们从开头就打算对艺术特性有个说明，只是为了要得一点初步的知识。到这研究终结的时候，我们也许不得不对这个说明做一种很重大的修改呢。"

看到有一本探讨造型艺术的书，作者说艺术具有一定的共性。所以他觉得给各类艺术先下一个普遍适用的定义，将有益于自己这本书的论题顺利展开。

我之所以提出、关注这一问题，是因为我一直认为，写书要切题，最好按逻辑、有条理地进行。论艺术的书，应该先把作者所认为的"什么是艺术"说一说、提一提，再往前推进。写符号学的，也应该先交代一下"什么是符号"，再展开论述。但是，作者们并不愿按此行文，他们各有各的个性化做法，各有各的策略性谋划，各有各的呈现方式。后来，我想通了。原来，有关"艺术本质"的问题，观点多得无可计数。所以，理论界干脆模糊对待，延宕表态，迂回出击。再后来，我获悉，把艺术放到美育属下，其实连"美是什么"也说不清楚了。"皮之不存，毛将焉附？"更有甚者，如后期维特根斯坦哲学语言派已经对诸如本质问题的探讨从根子上解构了。

早些年，余秋雨的《艺术创造论》推出新版，开篇就亮出了培根用拉丁文对艺术下的定义：Art est homo additus naturae（艺术是人与自然相乘）。没注出处，不易查找。问了社科院研究英国哲学的长者，也不知道培根在哪里提出过这个"不朽的公式"。

余著在同一页上还引了大画家凡·高的一句话，"对艺术，我不知道还有没有比下面更好的定义：艺术，是人加入自然，并解放自然。"

这一说法，与"培根公式"的相似点是，都着眼于"人与自然的关系"。

再往下看，余秋雨引述钱锺书在《谈艺录》里所言"人事之法天""人事之胜天"和"人事之通天"。余秋雨把钱先生的"三层次"说到的"人"与"自然"的关系和培根所言人与自然的关系等同了起来。

于是，再重读钱锺书《谈艺录》第十五节，有"百凡道艺之发生，皆天与人之凑合耳（Homo additus naturae）"一句，与余秋雨前引拉丁文几乎一样。只是余秋雨未引钱先生译additus为"凑合"的话（余秋雨引译的是"相乘"）。钱先生也没有对引语加注说出处。

看罗丹《思想者》

罗丹是我非常景仰的雕塑巨匠。我读过《罗丹艺术论》，在画册上看过罗丹的雕像，感觉不过瘾。每次去上海图书馆，走过门前的广场，总会朝绿树旁矗立着的《思想者》致意。一次去巴黎考察艺术，一个人寻址到Rodin Museum，终于可以静静地参观了。在罗丹工作室里，我近距离欣赏了罗丹数百件雕塑作品，包括在室内陈列的几件小型的《思想者》塑像，可以挨近了细看，是一种从未有过的视觉和心理感受，好像罗丹刚刚离开这里。

我在比隆的庭院里看到了身穿袍服的巴尔扎克像。这是罗丹为自己钟爱的伟大作家创立的纪念碑式的作品。关于巴尔扎克像，有段轶闻：这尊青铜雕塑之所以看不到袖手，是因为罗丹听学生夸赞原作塑造得最好的是手姿，当即用锤子砸了去。他不愿自己的作品过于突出局部美。由于罗丹这执拗的创作个性，我们现在看到的大文豪，是身披长袍、头颅高昂、傲视前方的。成像后颇有争议，但最后还是得到左拉、法朗士、莫奈、德彪西等文艺大家的赏识、力挺。

还有那不管阴晴雨雪一直在户外矗立着的超大型组雕《地狱之门》，汇聚了一百多个人像。在罗丹的布局里，"思想者"端坐在"地狱之门"的门楣中央〔因政府文化部门要筹建装饰艺术博物馆，委托罗丹以但丁《神曲》（地狱篇）为主题设计大门〕。罗丹塑造这位无名氏思想者，是以但丁为原型的。

罗丹的雕塑作品在中国早就有传播。1920年，《新青年》杂志就刊登过《罗丹自画像》《青铜时代》《思想者》《吻》四件作品，只是影响不大。鲁迅不无遗憾地说："罗丹的雕刻，虽曾震动了一时，但和中国却并不发生什么关系地过去了。"

1993年，在北京举办过法国罗丹艺术大展，有《思想者》《地狱之门》等

113件作品展出。

2007年11月，上海城市雕塑艺术中心开馆一周年，迎来罗丹的《思想者》和《青铜时代》等作品，以飨热爱他的观众。据报道，这件《思想者》是经罗丹美术馆认证的较接近罗丹原作的作品之一。

2014年11月27日，纪念中法两国建交50周年之际，《思想者》《巴尔扎克》《地狱之门》《青铜时代》等139件罗丹名雕作品再度在北京展出。

2015年3月22日，在北京国家博物馆展出了140件罗丹作品，包括以前未展出的《加莱义民》。

早先我以为《思想者》的原件只有一件，后来得知它共用5具石膏模子，前面4具已经浇铸出21尊《思想者》，现分布在美、日、德、俄、丹麦和瑞典等国。第5具模子根据法国1981年的保护法规定，原版翻模（全是青铜铸造），限量制作25件。中国的严陆根先生经过十多年争取，私人收藏了其中的第24件，2016年初在北京798艺术区展出，11月又移往南京（第三届国际美术展），"允许触摸观看"（称"可以摸的《思想者》"）。

女作家铁凝的父亲是画家，她从小受到不少熏陶。铁凝出过一本写美术欣赏的书——《遥远的完美》。里面有一篇文章，是说北京举办罗丹作品展，她特意从河北赶去观赏，写了一篇文章《罗丹之约》，说自己从背面看《思想者》，获得了新的感受。"思想者"宽厚、雄健的脊背上，组织明确的肌肉群仿佛汹涌的波涛正有节律地涌动起伏，由此她获得了思想的力量。如果是从正面看众人熟知的形象，那有点程式化了的姿势，就不会让人有此新奇之感了。

读到这段议论文字，我想起《罗丹艺术论》第一章里对学艺的青年说过的话："塑造的时候，千万不要在平面上，而是要在起伏上思考。希望你们领悟到，所有面积，好像是正在它后边推动的体积的最外露的一面。"铁凝正是这么去看的。所以，我觉得，铁凝是一位会选择新的角度欣赏艺术，并能从新的角度写出别样意味的聪明的作家。

不过，顺便说，我也有两点意见：一是，从正面看，也可看出别人忽略的地方。例如，我写这篇读思笔记，又看了《思想者》的正面形塑，发觉"思想者"右手握拳托着颏，手臂弯肘撑在左腿膝盖处而不是右边，这不同于一般人的习惯。罗丹这么塑造，有什么原因吗？过去的观察，为什么会忽略这一点呢？我还找到一件作品的照片，右臂肘是撑在右腿上的。两种造型，又有什么讲究？二是关于巴尔扎克塑像，铁凝文章里说，巴尔扎克认为罗丹只有把他"弄成这模样，才是真正的巴尔扎克"。她看的那本书写的与史实不符。其原因如下：巴尔扎克1850年逝世时，罗丹才10岁，不会雕刻，也不可能认识大文豪。1883年，适逢巴尔扎克逝世33周年，法国文学家协会请罗丹塑像，他翻阅了许多资料，反复构思，用6年时间才完成。作品遭非议，而罗丹始终相信自己的创作会成功。直到1919年，这座雕像终于被铸成铜像矗立于巴黎，此时，罗丹已经故去2年了。

黑格尔不评价米开朗基罗

黑格尔在说到绘画时，先说"雕刻的最适合的题材是静穆的具有实体性的沉思的人物性格，他的精神个性完全渗透到肉体存在里并流露出来，而精神的这种体现所用的感性材料单从形象本身上看就是适合于表现精神的"。不过，黑格尔不看好那些"眼光不露"的古代雕刻形象，觉得有时"感到冷淡枯燥""并不流连忘返"，不能满足欣赏。他同时认为："要通过研究、思索、渊博的知识和频繁的观察才能引起的欣赏并不是艺术的直接目的。"他对绘画感到比较亲切，因为绘画才第一次开辟路径，从中看到"在我们自己身上起作用和活动的东西"。这是什么呢？它是实体性的、能参加到群体里显出自己的特殊性，是"自然环境和人类存在中无限复杂的需要、目的、情欲、动作和活动之间的最亲密的关系和牢固的联系"，不是上述雕刻里遗世独立的僵化个体。他指出："这些题材无论在内容上还是在表现手段上都不是雕刻所能处理的，但是这些绘画以前的艺术所没有的无限丰富的题材和多种多样的广阔的表现方式在绘画里都作为新的因素而进入艺术领域里了。"他的结论是，绘画把之前属于两门不同艺术的东西统一在同一作品里：一方面是由建筑加以艺术处理的外在环境，另一方面是由雕刻去表现的精神的内容意蕴。黑格尔认为，这是绘画为之前表现方式带来的新的贡献。

因为要讲"中外百幅名画欣赏"，所以我必须要把绘画的来龙去脉尽可能地搞明白。读画的功夫，在画里，也在画外。

米开朗基罗的创作才华不仅体现在他作为天才雕塑家的那么多杰作上，他在绘画方面无师自通，在建筑和诗歌方面也有很深的造诣。作为雕塑家，他本来是不接受西斯廷天穹画的绘制的。但教皇命令不可违，他用5年时间完成了《创世纪》这一让人们都要仰视的杰作。一句"全才"，岂能说出其关乎创造的所有奥秘？但闻米开朗基罗一句笑言便可解了——他一次对人说自己"是喝乳母的奶汁长大的"（他的乳母是石匠的妻子）。他有首诗，表达了人的想象是如何从大自然得来，脑和手是如何配合，才凿出作品的形态的。

> 当我们鬼使神差，要塑造人像时，
>
> 头脑和手互相配合。
>
> 仿照那仅有的柔弱轻盈的模特儿，
>
> 用艺术的自由力量，
>
> 赋予这石头新的生命。

> 艺术大师想过，要展示
>
> 粗糙岩石多余的外表下面
>
> 所包藏的东西：去掉大理石
>
> 那迷人的外衣，这就是
>
> 为头脑效力的手所能做的事。

有位年轻的雕塑家，因为买不起昂贵的石头，只能在采石场遍寻"不规则的石头"。他说自己也学习着要以米开朗基罗那样的方式思考，不得不等待，直到一个适合这块石头形状的想法产生出来，并且能够在这块石头里面看见这一思想。

傅雷在讲述米开朗基罗时说到米氏的一句名言："雕刻是绘画的火焰，它们的不同有如太阳与受太阳照射的月亮之不同。"傅雷因此而评价米开朗基罗的画"永远像一组雕像"（《世界美术名作二十讲》）。

希腊人把凭专门知识学会的工作叫作"艺术"，因此音乐、雕刻、图画和诗歌之类是"艺术"，手工业、农业、医药、骑射、烹调之类也是"艺术"。我们是把前一类视为"艺术"，把后一类叫作"手艺""技艺"。概念分类上不是同一指向。

拿西方雕塑和中国佛雕相比

瑞典汉学家喜龙仁（Siren）在《五世纪至十四世纪的中国雕刻》中说：

那些佛像有时表现坚定自信；有时表现安详幸福；有时流露愉悦；有时在眸间唇角带着微笑；有时好像浸在不可测度的沉思中，无论外部的表情如何，人们都可以看出静穆与内在的和谐。

喜龙仁把米开朗基罗的雕刻和中国的佛像、罗汉像做比较的那一段，颇有意味。文中说：

试把龙门大佛放在《摩西》的旁边，一边是变化复杂的坐姿，突起的肌肉，强调动态和奋力的戏剧性的衣褶；一边是全然的休憩，纯粹的正向，两腿交叉，两臂贴身下垂。这是"自我观照"的姿态，没有任何离心力的运动。衣纹恬静的节奏，和划过宽阔的前胸的长长的弧线，更增强了整体平静的和谐……发顶有髻；两耳按传统格式有长垂；面形方阔，散射着慈祥而平和的光辉。几乎没有个性，也不显示任何用力，任何欲求，这面容所流露的某一种情绪融注于整体的大和谐中。任何人看到这雕像，即使不知道它代表什么，也会懂得它具有宗教内容。这是一件完美的艺术品，一种精神性的追求在鼓动着，并且感染给观者。这样的作品使我们意识到文艺复兴的雕刻虽然把个性的刻画推得那么远，其实那只不过是生命渊泽之上一些浮面的游澜。

哲学家、雕刻家熊秉明对此是怎么看的呢？他发觉在喜龙仁这样一个西方鉴赏家的眼里，中国佛雕是比米开朗基罗的《摩西》更高一层次的作品。而"躯体的威猛"正是我们所歌赞的。他看佛像一如我们看《摩西》，我们同样渴求另一个文化的特点来补足自己的缺陷。在这里，并没有谁对谁错的问题。

这里隐含着文化理解的问题。为什么这么说呢？熊秉明认为：

我们这一代中国人倾慕米开朗基罗和罗丹，由于我们的时代处境需要一种在生存竞争中鼓舞战斗精神的阳刚的艺术。我们要像《摩西》那样充满活力，扭动身躯站起来，要像《行走的人》那样大阔步迈向前去，我们再不能忍受跌坐低眉的典雅与微笑。喜氏相反，从中世纪耶稣被钉在十字架上的惨烈的形象起，甚至更早，从希腊神殿上雕着的战斗的场面起，西方人已描绘了太多的世间的血污与泪水，恐惧与残暴，一旦看到佛的恬静庄严，圆融自在，仿佛在沙漠上遇到绿洲，饮到了甘泉。

1949年下半年，熊秉明在这两种似乎对立的美学影响下，开始跟法国老师学习雕刻。后来明白了：罗丹的人像和中国的佛像反映了两个大不相同的精神世界，前者记录了尘世的辛苦，后者表现的是涤荡人间烦恼后的彻悟和寂然。从凿打捏塑的创造的角度看，它们属于同一品类，凭借同一种表达语言，同样达到表现的极致。

我们了解了不同的文化，要能学会进一步地理解各自的得失短长，做到互补，以臻全面。

看画·看小说·看电影

美国电影艺术家格里菲斯和英国小说家康拉德都说过这样的话：我试图要达到的目的，首先是让你们看见。这倒是让我们要思索、反省了。这里的"看"，有何异同？我们还可以把绘画也放进来谈论。画家作画，边看边画，一点点完成；画完后展示出来，让人看画，都要通过"看"来接触。看画、看小说、看电影，都是看，但看的方式以及所看到的内容是不同的。看画，是直睹画面（有景物，有人物）；看小说，是看文字了解人物和故事情节；看电影，是看银幕上的活动画面（还有声音的配合，更生动形象些）。再比较下去，可以说，小说凭借文字，在读者"脑屏幕"上转换生成一幅幅画面。这些画面是不动的，观众看画，是移动视线，靠近或挪后地去看细部笔触或看个大概。作家的小说，被电影艺术家所青睐，拍成电影，搬上银幕，小说就"动"起来了，让作家自己看着都激动。有的小说家在写小说时，已经考虑搬上银幕的可能。

事情还有新的发生面。有时，打开小说，我们也会在字里行间"看见电影"。那是我们带着"看电影"的经验，在小说里面所看见的，具体说，是看到小说家的某些笔法像是电影，尤其是早期的小说，电影还没诞生前就发表的小说，若从中"看"出了电影的手法、电影的画面，会激动不已。

譬如，我在莫泊桑的著名小说《项链》里，就有这样的发现。莫泊桑写妻子丢了借来的项链，为了赔偿这件首饰，夫妻二人从这家珠宝店到那家珠宝店，凭着记忆去找一款同样的项链……两个人都愁苦不堪，快病倒了……丈夫开始借钱了，向这个借一千法郎，向那个借五百法郎……夫妻俩辛苦劳作，妻子洗晒，喘着气提水，挎着篮子买菜、买水果，讨价还价，一点一点节省着。丈夫给商人誊账目，"深夜还要抄写书稿"，两人熬了整整十年，终于还清了欠的债……一系列的短句子，一连串的动作，很像电影"蒙太奇"的手法。莫泊桑这样写这些句子，不是静态交代过程，是让我们"看"主人公从这家到那家脚步的移动、心理的变化。用电影的眼光去"看"、去考量，不是说探到了电影的源头，而是觉得这19世纪的小说，已有电影镜头的味道，使读者可以将情节转换成一个个可视的"画面"。

在福楼拜的小说里，也有"电影式"的文字表现。在《包法利夫人》第25章，作者写到艾玛坐在马车上，撩起窗帘，扔出撕碎了的情书那一段时，情节像极了电影的画面：

正午时分，马车行驶在一片茫茫的田野上。炽热的阳光直射在镀银的旧车灯上。一只没戴手套的手从黄布小窗帘下伸出来，扔出一把撕碎的纸片。纸片随风飘散，像一群白色的蝴蝶在风中飞舞，远远地落在一片繁花盛开的红三叶（一种草本植物）地里。

看到低劣艺术的危害

哲学家苏珊·朗格写了两本重要的艺术专著：《情感与形式》和《艺术问题》。她在《情感与形式》的导言部分强调：本书不为判断"杰作"和比较成功的作品提供准绳，不建立趣味标准。在她看来，这些"均非哲学家分内之事"。她要做的是"澄清和形成概念"，对"用以谈论任何题目的术语，给出明确、完整的含义"。譬如《情感与形式》这本书主要是详细说明表现、创造、符号、意义、直觉、生命力和有机形式等词的含义。这些词换一种提法，就是艺术的本质及其与情感的关系，艺术"传达"与艺术"真实"的认识论问题，表演是"创造""再创造"还是"单纯的技巧"的问题，等等。她的开场白欲扬先抑，亦"封"亦"开"。有意思的是，她说自己这本探索性论著涉及的问题，没有一个已论述得完善无遗了，每一个题目都要进一步分析、探索和发现。她引用了怀特海的一句诙谐话——"为的是惊起许多兔子让人们去追赶"。这让我立刻想起英国哲学家、人文学者培根在《学术的进展》一书第二卷谈及"创新"问题时用到的那个"在封闭的公园中追逐麋鹿"跟"在森林中追逐麋鹿"的风趣比喻。

想到这些时，我的思绪顿时有了跃进，且容我徐徐道来。无论是"追兔"还是"逐鹿"，都值得说一说。首先，"追兔"比"守株待兔"有价值，况且是有许多"兔子"撒腿跑！关于"什么是艺术"的讨论，就有数十上百种见解了呢！"逐鹿"，如果是在封闭的公园里，转圈循环，路径单一，老盯着鹿的后臀跑，却总逮不着，乏力又乏味。到森林里去追逐呢，场景和路径都有变化（就如同论坛话题、概念、事例、角度和观点的变化），说不定还能遇到惊起的兔子，那就鹿、兔一起追，多一些收获！

翻开《艺术问题》，第一讲苏珊·朗格举例说，有个来听她演讲的大学生迷惑不解地发问："究竟什么是艺术哲学？艺术怎么能与哲学联系在一起？"（兔子和麋鹿可以跑到一起吗？）

苏珊·朗格的回答是："世界上没有哪一件事物不可以对其进行哲学上的探讨，也没有哪一件事物不向我们提出一些哲学方面的问题，而与艺术有关的哲学问题就更多了。对于这些问题，艺术家一般不能做出准确的回答，他们最多只能对此发表一些较为实用的见解。只有当人们把这些实用见解用更为准确的字眼表达出来的时候，才算真正地回答。"

第五讲是艺术知觉与"自然之光"。在这部分，她从时代谈到艺术教育，论述了时代同情感、形式乃至艺术教育的关系。她说："艺术对人类生活的影响启迪了我们，使我们真正明白了某种艺术之所以会在其全盛时期促进文化的发展，其基本原因就是它为情感赋予了一种新的形式，这事实上也就是一个新的文化时代的开始，同时也是对许许多多素材的揭示。"由此，她推断："对艺术教育的忽视，实际上也就是对情感教育的忽视。"在这一讲结束时，她进一步指出："艺术，使主观现实客观化或使人对外部自然的经验主观化。艺术教育就是情感教育。一个忽视艺术教育的社会就等于是使人们的情感陷入无形式的混乱状态，而一个产生低劣艺术的社会就等于使人们的情感解体……"

她说到产生低劣艺术的社会导致情感解体的危害，并两次说到忽视艺术教育的社会会使人们情感陷入无形式的混乱状态。她一定是目睹了某些艺术低劣化表现和艺术教育边缘化给整个社会带来的混乱和退化，因而把这一严重的问题揭示了出来。苏珊·朗格的这番言论，提醒我们对于艺术的表现要客观全面，既要看到它健康的一面，也要注意其向拙劣以致低劣跌落和蜕变，这会使社会的风气和人的情感发生不良变化——"陷入无形式的混乱状态"，就是通常所说的失序和失范吧。

由此想起卢梭的那篇《论科学与艺术》，这是1749年卢梭写的一篇应征参赛文章。他在自己的那本《忏悔录》里写了这件事，说是狄德罗鼓励他"把思想放手发挥下去，写出文章去应征"。初稿写出后，狄德罗还给他指出了应该修改的几个地方。卢梭投稿后渐渐淡忘了此事，谁知次年（1750年）该文章获得了一等奖，为他赢得大名。卢梭撰此文是从反面持论的。坊间传说是狄德罗要他写反方的观点，认为这样容易引起注意。卢梭也愿意这样写。这么去看，似乎他的成功有那么一点偶然性。但从卢梭一贯的思想去看，所写与所感还是相符合的。卢梭正是从自己对社会的观察和感同身受方面，特别是从科学与艺术的进步对社会风气的实际影响方面来做评判的，包括对自己在社会环境中受到的污染以及对自己人性恶习的剖析。诚如他所说："然而，如果科学与艺术的进步并没有给我们真正的福祉增加任何的东西，如果它败坏我们的风尚，如果这种风尚的败坏玷污了我们趣味的纯洁性，那么我们对于那些初级读物的作家们又将做何感想呢？"他继续写道："德行啊！你就是淳朴的灵魂的崇高科学，难道非要花那么多的苦心与工夫才能认识你吗？你的原则不就铭刻在每个人的心里吗？要认识你的法则，不是只消反求诸己，并在感情宁静的时候谛听自己良知的声音就够了吗？这就是真正的哲学了，让我们学会满足于这种哲学吧！让我们不必嫉妒那些在文坛上永垂不朽的名人们的光荣；让我们努力在他们和我们之间划出人们以往是在两个伟大的民族之间所划的那条光荣的界限吧，让他们知道怎样好好地说，让我们知道怎样好好地去做吧。"这样铿锵的话语虽远隔数百年，还能让人感到其带着良知和反思、批判和追求，说出了对正直和正义的维护，至今依然具有鞭辟入里的力量！

以上引述的例子表明：艺术与哲学需要结合，结合起来才能产生更强大的力量。

从"零点计划"谈起

1945年，美国试验发射第一颗原子弹获得成功。

1949年，苏联第一颗原子弹试验成功。美国领先苏联4年。

但是，1957年11月，苏联把人造地球卫星送上太空，美国到1958年才完成。这使美国大受刺激，怎么也想不通为什么会落他人之后，于是责备教育部门，教育部门也真的开始反思。直到1967年，得出结论：美国科学技术是一流的，但文化艺术素质教育却是落后的。

美苏科学家的文化艺术素质差异究竟有多大，以至于对两国空间技术的竞争产生了影响？不管怎么说，美国开始认真对待"差距"问题了。

1967年，美国哲学家纳尔逊·古德曼在哈佛大学教育研究院发起设立了一个名为"零点计划"（Project Zero）的艺术教育项目。"零点计划"研究通过艺术教育实施智商与情商同时培养，形象思维与抽象思维同时培养，找到了科学与艺术的共同源头。"零点计划"实施多年来，哈佛大学的研究者们用自己的科研成果不断验证自己的观点：加强文化艺术教育是实施全面素质教育不可或缺的内容……

我们的目光，还应拉到当前，据全球顶级科技杂志美国《科学》（Science）2019年8月10日报道，中国学者开发出具有20个超导量子比特的量子芯片，并成功操控其实现全局纠缠，刷新了固态量子器件中生成纠缠态的量子比特数目的世界纪录。这是什么奇迹？举例说，现在要破解常用的一个RSA密码系统，需要60万年（而且是用最好的超级计算机）。但用一个具有相当储存功能的量子计算机，不到3小时就能破解。这是什么速度？是中国的神速！中国研发的这个量子芯片，有两个最厉害之处：超导量子比特数多达20个，稳居世界第一；精度超强，可操控全局纠缠。更大的计算力突破很快会到来！任正非多次强调华为在通信领域能处于世界领先水平，得益于数学人才的长期投入和集聚。手机系统设备是以数学为中心的，所以真正的突破是数学。他一直强调教育的投入，其中少不了艺术人才的作用。这就是谜底，就是答案，就是给我们的启示！其实，关于艺术与科学联袂、数学与艺术结盟的威力早已是现实。把达·芬奇称为画家、艺术家，绝不能遮蔽他在科学工程技术等方面的才华。天才人物是多才、多艺、多技集于一身的，这样的事实已经抵得上无数重复的研究。

"零点计划"是美国的艺术教育家觉醒后的研究，我们的"零点计划"呢？该以什么为基点、为特色、为路径、为资源、为标准呢？

孔子同子夏谈"绘事后素"

　　朋友刘强把他的新书《论语新识》赠我。厚厚一大本，我一点一点地读。读到刘强对《八佾》篇的新译——

　　子夏问："《诗经》上说'嫣然一笑，姿态曼妙；秋波流转，黑白粲然；素地洁白，五彩绚烂！'这是什么意思呀？"孔子说："好比绘画，先要有白色的底子，然后才能画出美丽的图案来。"子夏说："那么，礼是不是在仁德之后呢？"孔子说："能启发我的是你卜商啊！可以开始和你讨论《诗经》的道理了！"

　　刘强接着写出其新识，认为本章是"由《诗经》及礼，再度涉及礼之本的'大哉问'"。小时候，我从父亲做木工活中也悟得绘画之道，所以对"绘事后素"颇感兴趣。不过，绝对不会像子夏那样马上联想到"礼"。刘强把此例同孔子与子贡曾经有过的"切磋琢磨之对"以及"教学相长"联系在一起赞扬，让我这个"艺术教育工作者"很是受益。

　　后来就此话题，我同另一位朋友聊起来。他从事文学写作和文学批评工作，对这方面的见解带有文学性质。他说子夏不愧是孔子的高足，懂文学，思维活，造句水平高。子夏在跟老师讨教《诗经》"巧笑倩兮，美目盼兮"的确切意思时，在后面加了句"素以为绚兮"（我后来去翻看《诗经》，《卫风·硕人》里确实没有这个句子）。恰恰是这句，与"巧笑倩兮，美目盼兮"组合在一起，被子夏一问，引得孔子说出了"绘事后素"。我们顺着这一思路讨论下去，揣摩孔子听子夏说这几句话时的真实心理活动——与其说他是在考虑子夏问"何谓也"的意思，莫如说他是被"素以为绚兮"吸引了，刹那间思维跳跃，引发了记忆和联想，想到了"绘事后素"这一句，于是脱口而出！

　　"绘事后素"后来成为我国古代画家的绘画思想，写在画论里也是十分精练的。往前考察，"绘事后素"也不是全新的句子，在《周礼·考工记》里有"凡画缋之事后素功"，可以看成其母本、出处。"画"与"缋"的古义是有区分的，指民间两种设色工艺（"画"是笔涂五色颜料成彩图，"缋"是刺绣五色丝线成绚丽花纹）。孔子直呼"绘事"，简化了，只讲绘画这件事，但按工序没错，还是先有素（先有白色的底子），然后才能绘；素在先，绘在后，绘（事）后于素（底）；素是质地，绘是装点。郑玄和朱熹对"绘事后素"的确切含义各有解读，此处不赘述。我们倒是可以凭文学的体察之心，来想象子夏当时的心理反应——他一激灵，顿时意识到老师提醒自己要注意"素"和"绚"的关系，"素以为绚兮"，重在"绚"——在素底上点化出来的绚丽该如何欣赏？子夏问"何谓也"后，原以为老师必有同感，自会赞许。但主张文质彬彬的孔子看他忘乎所以，偏于外表，重"绚"轻"素"，没给予支持，而是不愠不火，信手拈来一句"绘事后素"，暗含平素本质之重要，而彩色装扮之功仅居其二。子夏机灵，见老师强调"后素功"，立刻有所觉知，便从感性回到理性，来了个思维跃进，由"素"类推到"礼"，想到儒家主张礼是立人之本，所以灵妙地问出了一句"礼后乎？"这一下子引出了戏剧性的意外一幕——礼为素！这其实是孔子当时可能还没有想到的，此句来得突然。所以孔子不吝赞美，立即予以高度肯定："是你卜商启发了我！以后我们可以共同讨论《诗经》了。"

在这个段子里，可以细品的东西很多。作为教师，如果只是拘泥于书中对文言文的一般性解释，不会自己去想、去悟，就不能慢慢厘清思想和语言的脉络。而且，想到了，不说，不审度，不交流，也是会减损一些收获的。

孔子是熟悉《周礼》的。他曾坚定而明确地说过"吾从周"。孔子偏爱礼教的意义提炼，不太愿做细致的审美分析。他愿意讨论问题，对于学生的灵思妙语，若与其合拍，便很欣喜。所以，当子贡跟老师讨论"贫而无谄，富而无骄，何如？"孔子说"可也。未若贫而乐，富而好礼者也"时，子贡引出《诗经》里"如切如磋，如琢如磨"的句子，孔子就很欣慰，认为可以彼此谈《诗经》了（见《论语·学而》篇）。可见，孔门师生在一起论诗说礼是常事，"教学相长"也是一以贯之的。这启发我们：要学会当老师，也要学会当学生。这是教育（艺术教育）之"道"，并非"不可道"。

参 考 文 献

［1］康尔.艺术与艺术教育论丛［M］.南京：南京大学出版社，2012.

［2］殷曼楟."艺术界"理论建构及其现代意义［M］.北京：社会科学文献出版社，2009.

［3］［美］艾斯纳.艺术与心灵创造力［M］.朱珺，译.北京：中国社会科学出版社，2016.

［4］曾繁仁.现代中西高校公共艺术教育比较研究［M］.北京：经济科学出版社，2009.

［5］孙志宜，付琳.西方美术教育史［M］.合肥：合肥工业大学出版社，2014.

［6］马海平.图说上海美专［M］.南京：南京大学出版社，2012.

［7］［英］弗兰克·惠特福德.包豪斯［M］.林鹤，译.北京：生活·读书·新知三联书店，2001.

［8］钱初熹.当代发达国家艺术教育理论与实践［M］.上海：华东师范大学出版社，2010.

［9］谢小庆.审辩式思维［M］.上海：学林出版社，2016.

［10］许红珍，程亮.美国MFA教育概览［M］.上海：华东师范大学出版社，2018.

［11］冯晓莉.人文通识教育新论［M］.广州：暨南大学出版社，2013.

［12］杨健民.艺术感觉论［M］.北京：人民文学出版社，1989.

［13］［美］阿瑟·C.丹托.何谓艺术［M］.夏开丰，译.北京：商务印书馆，2018.

［14］［美］雅克·巴尔赞.我们应有的文化［M］.严忠志，马驭骅，译.杭州：浙江大学出版社，2009.

［15］尚杰.中西：语言与思想制度［M］.北京：北京大学出版社，2010.

［16］许宁.六艺圆融：马一浮文化哲学研究［M］.北京：中国社会科学出版社，2008.

［17］钱穆.文化学大义［M］.北京：九州出版社，2011.

［18］宗白华.艺境［M］.北京：商务印书馆，2011.

［19］泰祥洲.仰观垂象：山水画的观念与结构研究［M］.北京：中华书局，2011.

［20］［美］布鲁克斯·彼得森.文化智商［M］.张小海，尹宁宁，译.北京：法律出版社，2008.

［21］李立国.古代希腊教育［M］.北京：教育科学出版社，2010.

［22］傅雷.听傅雷谈艺术［M］.天津：天津人民出版社，2010.

［23］丰子恺.艺术修养基础［M］.长沙：岳麓书社，2010.

［24］［美］詹姆斯·埃尔金斯.艺术是教不出来的［M］.罗洁，译.北京：北京大学出版社，2011.

［25］刘强.论语新识［M］.长沙：岳麓书社，2016.

［26］李洪峰.文化学读书笔记［M］.北京：中国社会科学出版社，2010.

后 记

近年来，从国务院办公厅、教育部持续发布有关学校艺术教育和美育的文件中，可以明显感受到国家层面前所未有地开始重视学校艺术教育和美育了。

2014年，教育部颁布了《教育部关于推进学校艺术教育发展的若干意见》（教体艺〔2014〕1号），提出学校教育要全面贯彻党的教育方针，实施素质教育，改进美育教学，提高学生审美能力和人文素养，促进学生健康成长，推进学校艺术教育发展，并提出了一系列意见，包括"艺术教育对于立德树人具有独特而重要的作用""新形势要求加快发展学校艺术教育""明确推进学校艺术教育的思路""严格执行课程计划，开齐开足艺术课程""创新活动内容与形式，确保每个学生都能参与艺术活动""努力实现学生在校期间能够参加至少一项艺术活动，培养一两项艺术爱好""建立中小学学生艺术素质评价制度"等。

2015年9月15日，国务院办公厅印发了《国务院办公厅关于全面加强和改进学校美育工作的意见》（国办发〔2015〕71号）。文件共分5部分21条，从构建科学的美育课程体系、大力改进美育教学、统筹整合学校与社会美育资源、保障学校美育健康发展等方面，为当前和今后一个时期加强和改进学校美育工作做出了全面部署和指导。

2019年4月，教育部又下发了《关于切实加强新时代高等学校美育工作的意见》（教体艺〔2019〕2号），要求普通高校面向全体学生普及艺术教育。

……

1912年，蔡元培在《对于新教育之意见》中，首次将"美育"定为基本教育方针。之后，虽然被1912年的临时教育会议所取消，但美育在人们思想和教育活动中的地位逐渐得以确立，并发挥了积极的作用。中华人民共和国成立后，美育被确立为我国的教育方针之一，成为培养人才的重要手段。有段时间，教育方针中不提美育，而只提"德智体"，是因为混淆了美育和德育的界限，把美育看成德育的一部分。再后来，我们提艺术教育多于美育，则是因为简单地把艺术教育同美育画了等号，这种认识又缩小了美育的内涵和外延。

当代社会，艺术教育具有两种不同的含义和内容。狭义地讲，艺术教育可理解为对培养艺术家或专业艺术人才所进行的各种理论和实践教育，如戏剧学院培养编剧、导演和演员，美术学院培养画家、雕塑家、艺术设计家，音乐学院培养作曲家、歌唱演员和器乐演奏人员等。广义地讲，艺术教育是美育的核心，它的根本目的是培养全面发展的人，而不仅仅是专业艺术工作者。因为人的生活与艺术或多或少都有联系，如读小说、看电影、听音乐、欣赏绘画等，都涉及艺术审美。因此，广义的艺术教育强调普及艺术的基本知识和基本原理，通过对优秀艺术作品的欣赏和评价来提高人们的审美修养和艺术鉴赏力，培养人们健全的审美心理结构。

当前，我们的艺术教育和美育都有一种功利化的倾向。主要原因有两方面：一方面，艺术教育是美育最基本和最容易"落地"的方式。当我们想要提高学生的审美情趣的时候，首先想到的往往是让学生去接受音乐、舞蹈、美术等艺术训练。另一方面，在教育实践中，这种方式确实对提高学生审美能力起到了很大作用，但也往往只重知识传输和技能训练，而容易忽视对学生审美和人文素养的培养。更有甚者，把这种艺术训练当成了入学加分的特长，其根本目的不是艺术教育和美育，而是从日益激烈的应试教育中寻找"捷径"。这种带有强烈功利化色彩的所谓"艺术教育"和"美育"，显然背离了艺术教育和美育的基本精神。我们说，艺术美是实施美育的重要途径之一，艺术教育和美育并不是非此即彼、有你没我的关系，但在美育教学过程中，却更应该侧重"美"，而不是"术"。

国务院办公厅印发的关于美育工作的意见的一个突出特点，就是摒弃了对美育的窄化和功利化，进而给人们一个鲜明的信号，那就是美育同德育特别是艺术教育是有区别的，它更加凸显的是以育人为导向的大美育观。国家层面重视美育和艺术教育，标志着新时代美育在我国教育方针中不但"全面复出"，更迎来新的历史发展阶段！

这本漫谈艺术教育的书，也正是这一大背景下的产物。我多年接受艺术教育，并从事高中艺术教育工作，能够不断体会艺术教育的喜怒哀乐。作为一名艺术专业的高中校长，既要清楚艺术教育、美育对学生个人成长发展和终身幸福，对社会发展、民族振兴所起到的不可替代的作用，也要考虑高中教育的全面性、多元性和现实性。其间有坚定的坚持，也有受困的妥协，更有对艺术教育未来的憧憬和希望。所以这是一本个人漫谈艺术教育的"谈艺录"，是我对办学、对教育教学的思考和实践，是我多年来对艺术教育的守望。

文中大都是个人之见，难免会有偏颇，敬请读者不吝批评指正，特别是一些摘选和文件的运用，都是我认为非常有价值并适合传播的，在此对原文作者表示衷心感谢。

本书的编写得到了原上海视觉艺术学院副院长谢海泉先生、上海市教委教研室钱熹媛老师、上海市七宝中学美术正高级、特级教师李新华的大力支持和鼓励，还有校友吴玉琳以及学校同事的切实帮助，在此一并表示感谢！

陆振权

2019年12月